本书由2022年度国家社会科学基金青年项目《我国残障人信息无障碍权的法制保障研究》（22CFX086）资助出版，是该课题的阶段性成果。

劳动合同解除权研究

李 静 —— 著

当代中国出版社
Contemporary China Publishing House

图书在版编目(CIP)数据

劳动合同解除权研究 / 李静著. -- 北京：当代中国出版社，2023.8
ISBN 978-7-5154-1286-3

Ⅰ.①劳… Ⅱ.①李… Ⅲ.①劳动合同法—研究—中国 Ⅳ.①D922.524

中国国家版本馆 CIP 数据核字(2023)第 159602 号

出 版 人	王　茵
责任编辑	刘文科　刘　照
责任校对	贾云华
印刷监制	刘艳平
封面设计	鲁　娟
出版发行	当代中国出版社
地　　址	北京市地安门西大街旌勇里8号
网　　址	http://www.ddzg.net
邮政编码	100009
编 辑 部	(010)66572744
市 场 部	(010)66572281　66572157
印　　刷	中国电影出版社印刷厂
开　　本	710 毫米×1000 毫米　1/16
印　　张	12.5 印张　3 插页　170 千字
版　　次	2023 年 8 月第 1 版
印　　次	2023 年 8 月第 1 次印刷
定　　价	68.00 元

版权所有,翻版必究;如有印装质量问题,请拨打(010)66572159 联系出版部调换。

目 录

绪 论 　　1
　一、写作缘起 　　1
　二、文献综述 　　5
　三、研究范围 　　20

第一章　劳动合同解除权的基本原理 　　24
第一节　劳动合同解除权的概念与性质 　　24
　一、劳动合同解除权的概念 　　24
　二、劳动合同解除权的性质 　　26
第二节　劳动合同解除权的构成要件与人身属性 　　28
　一、劳动合同解除权的构成要件 　　28
　二、劳动合同解除权的人身属性 　　32
第三节　劳动合同解除权的类型 　　34
　一、用人单位解除权和劳动者解除权 　　34
　二、法定解除权和约定解除权 　　34
　三、即时解除权和预告解除权 　　35
　四、客观不能、违约救济和任意解除权 　　36

第四节　劳动合同解除权的调整机制　36
　一、法定限制与约定限制　37
　二、程序约束与实体限制　37
　三、内部约束与外部审查　39
　四、事后审查与事先批准　39
　五、法律限制与经济约束　40

第五节　劳动合同解除权的价值维度　41
　一、契约自由维度　41
　二、劳动关系维度　42
　三、管理秩序维度　43
　四、权利保护维度　44

第六节　劳动合同解除权的制度设计　45
　一、合同神圣与情势变更　46
　二、自由意志与国家管制　46
　三、财产权利与劳工权益　47
　四、整体协调与局部保障　48
　五、劳动法制与社会发展　48
　六、主权管制与经济全球化　49

第二章　用人单位劳动合同解除权（雇主解雇权）的缘起与变迁　52

第一节　用人单位解除劳动合同权的缘起　52
　一、工业生产的协作性与劳动纪律　52
　二、劳动纪律与解雇惩戒　54

第二节　用人单位解除劳动合同权的变迁　56
　一、雇主解雇权的自由行使　56
　二、雇主解雇权的限制行使　58

第三节 解雇保护法对用人单位劳动合同解除权的限制　　61
　一、德国的《解雇保护法》　　61
　二、其他国家的解雇保护法　　64

第三章 我国用人单位劳动合同解除权的规范与限制
　　　　——以"两个严重"为例　　70
第一节 "两个严重"的立法沿革与困惑　　71
　一、《企业职工奖惩条例》第11条与《国营企业辞退违纪职工
　　暂行规定》第2条　　71
　二、从《劳动法》第25条到《劳动合同法》第39条　　75
　三、"两个严重"在解读中的困惑　　78
第二节 司法审判对"两个严重"理解的歧义　　80
　一、劳动仲裁和人民法院的理解分歧　　80
　二、"两个严重"中"规章制度"的理解与争议　　84
第三节 限制用人单位在"两个严重"上的劳动合同解除权　　89
　一、用"概况性用语"解释规则限制　　89
　二、用"不公正解雇"制度限制　　94

第四章 劳动者劳动合同解除权(雇员辞职权)的价值与特性　　102
第一节 劳动者劳动合同解除权的理论特点　　102
　一、劳动者劳动合同解除权的价值基础　　102
　二、劳动者劳动合同解除权的法律特性　　107
第二节 劳动者解除劳动合同权的真实与自愿——以协商解除为例　　111
　一、劳动合同协商解除的民法渊源　　111
　二、劳动合同协商解除的劳动法认定　　113
　三、劳动合同协商解除的效力分析　　115

第五章 劳动者劳动合同解除权的行使与保障
——以"提前告知"为例 121

第一节 对劳动者解除劳动合同权的误读与保障 121
  一、《劳动法》第 31 条与"卢某跳槽案" 121
  二、《劳动合同法》第 37 条在"王某辞职案"中的困境 127

第二节 劳动者"提前告知"解除劳动合同的完善与建议 130
  一、我国劳动者"提前告知"解除劳动合同中存在的问题 130
  二、国外劳动者预告解除劳动合同的法律范式 133
  三、完善我国劳动者预告解除劳动合同的建议 135

第六章 劳动合同解除权行使的法律后果 138

第一节 劳动合同解除权的法律后果之后合同义务 139
  一、劳动合同解除权法律后果之后合同义务的要件 139
  二、劳动合同解除权后合同义务的内容 141

第二节 劳动合同解除权法律后果中的经济补偿 143
  一、"三金"的性质和适用 143
  二、"三金"的基本定位 148
  三、"三金"之间的关系 150

第三节 劳动合同解除权法律后果与经济补偿制度的完善 152
  一、劳动合同解除权法律后果相关规定的完善 152
  二、我国劳动合同解除权中"三金"制度的完善 154

第七章 《劳动合同法》的立法博弈与抉择 164
  一、《劳动合同法》的制定背景 164
  二、劳动合同签订率低下的立法博弈与抉择 165

三、短期劳动合同盛行的立法博弈与抉择　　167

四、劳动合同试用期滥用的立法博弈与抉择　　170

五、劳动者违约金滥用的立法博弈与抉择　　173

六、限制劳动派遣的立法博弈与抉择　　176

参考文献　　179

绪　论

一、写作缘起

　　劳动合同制度是劳动法制中基础性的制度,而劳动合同解除制度又是劳动合同制度的核心。通过签署劳动合同,劳动者和用人单位之间确立劳动关系,此种法律关系有别于一般性的民事合同关系,纳入劳动法调整,劳动者由此获得法定的保护。劳动合同解除制度关涉的是劳动关系的紧固性、稳定性,明确何种情况下劳动者和用人单位得解除和终止劳动关系。很多情况下,劳动法对劳动者权利的保护是落实在制约用人单位劳动合同解除权的行使上。劳动合同双方当事人的不平等,一定程度上是通过对劳动合同解除的限制来加以平衡。可以说,劳动合同解除制度是劳动者保护的一项根本性制度。

　　劳动合同解除制度与实体劳动法规范密切相关,是实体劳动法标准的实施机制,也是对实体劳动法标准中重要规范的具体落实和保障。劳动法保护劳动者充分享有安全、健康和卫生的工作条件,当劳动者的合法权益和人身安全遭受到用人单位侵害和威胁时,劳动者能立即解除劳动合同,[1]当劳动者在工作期间得了职业病,用人单位则不能肆意与劳动者解除合约。[2] 通过劳动合同解除制度,确认和强化重要的实体劳工保护标准。其所认可和强化的劳工保护标准,往往体现了一个国家劳动法制度的核心价值理念,也是评价一个国家劳工保护水平的重要指标。

劳动合同解除制度也有其经济和社会蕴涵。解除劳动合同的难易程度,直接影响用人单位的用工成本以及用工政策。解除劳动合同的难易程度,也决定了一个国家劳动力市场的灵活性或者刚性程度。在此意义上,劳动合同解除制度并不纯粹只是一项劳动法制度,其对一个国家的劳动力结构、经济政策等也具有导向作用,同时也跟一个国家的人口构成、产业布局、发展阶段等方面有着密切关联。并非劳动合同越难解除,对劳动者的保护程度就越高,保护效果就越好。对劳动合同解除权的过分限制,有可能使得劳动关系僵化,对工人缺乏激励和约束,损害经济活力。换言之,劳动合同解除权的制度设计需达成一个相对的平衡,这种平衡应体现在保护劳动者权利与尊重用人单位用工自由之间[3]、体现在实现体面就业与实现充分就业之间。什么样的劳动合同解除权制度是最合适的,没有一个放之四海皆准的标准,每一个国家都需要从本国的传统、经济和社会条件出发,积极探索,从实践中积累经验,不断发展、不断完善。

设定与规制劳动合同解除权,对于完善整个劳动合同解除制度有着重要的意义,因为它是该制度中最主要的一个部分。劳动合同解除权,是劳动关系中的任何一方依法进行劳动合约解除的权利。设立劳动合同解除权就是为了保证劳动合同安稳性。在此问题上,各国历史传统不同,立法例也不

---

[1] 参见《劳动合同法》第38条。
[2] 参见《劳动合同法》第42条。
[3] 参见 Hugh Collins, *Justice in Dismissal: The Law of Termination of Employment*, Oxford: Clarendon Press, 1992, pp. 20–21。

同,但是都承认了用人单位和劳动者在某些情形下享有单方面劳动合同解除权,同时也对劳动合同解除权的行使进行了不同方面的限制。普通法国家在其劳动法发展过程中沿用了契约自由的理念,认可解雇自由原则,因此雇主享有相对灵活自由的劳动合同解除权。在司法实践中,对劳动者的保护,主要是通过对雇主不公平解雇和非法解雇的责任追究来实现的。而在大陆法系国家,成文法发达,例如在德国和意大利,劳动合同解除权的成立、发生、行使和消灭有着相对独立和完整的制度规定。

我国的劳动合同解除制度也在不断发展和完善过程中。1994年《劳动法》全面确立了劳动合同制度,将劳动合同作为建立劳动关系的基本形式,同时也首次建立了劳动合同解除制度。2007年,我国制定了《劳动合同法》,之后我国的劳动合同解除制度也得到进一步发展和完善。《劳动合同法》在某种程度上加大了对劳动者的保护,同时也限制了用人单位对劳动合同解除权的行使,并且引入了经济补偿金制度。整体来看,《劳动合同法》通过对劳动合同解除权的分配和制度安排,强化了对劳动者权利的保护。在实践中,《劳动合同法》也暴露一些制度疏漏和走形的情况,中国经济也进入新常态,因此,有必要对我国法律中的劳动合同解除制度进行思考和检验。

本书以劳动合同解除权作为研究中心,把我国劳动合同解除权的制度、架构进行了全方位剖析。在比较法的视野下,从实践中存在的问题出发,提出有关建议,进一步把我国的劳动合同解除权制度架构进行了补充说明。并且,随着对劳动合同解除制度的理论进行研究,以期在一定程度上丰富和发展中国劳动法基本理论。

国内劳动法学者对劳动合同制度的诸多方面已经开展了相当深入的研究,但是到目前为止,学界在劳动合同解除权方面尚无专门论著出版,该问题有待进一步深入发掘。劳动合同解除权制度不但重要,而且从制度运行来看,具有相对的自治性,有可能也有必要进行专门研究。通过对劳动合同解除权的研究,发掘制度背后的基本理念、价值取向、权力平衡关系等,有助于在整体上理解和把握劳动合同制度。

　　本书旨在解决我国现有劳动合同解除权制度存在的问题,提出相关建议,进一步促进该制度的完善与发展。从现实来看,我国的劳动合同解除权在制度制定和现实的运用中还存在不少问题。例如,在用人单位劳动合同解除权方面,劳动者被用人单位以"严重违反纪律抑或单位规章、制度"为由解除了劳动合同,实践中存在滥用,司法实践中也存在误用的问题。又如,在劳动者劳动合同解除权方面,仅仅规定了预告期限制;在立法设计方面,没有考虑到不同类型劳动合同的各种特点,缺少灵活性。类似的问题在我国现行制度之下还有不少。通过全面整理,仔细分析劳动合同解除权制度,运用比较法,理论结合实际,本书对我国劳动合同解除权的制度的完善提出了一些建议和看法。

　　本书以加强劳动合同解除权制度的研究,力图为学界加深对于劳动法制度运行的理论思考和系统探索尽绵薄之力。劳动合同解除制度的运行,是和其他劳动法制度例如工会制度、职工代表大会制度、集体谈判制度、劳动争议解决制度、社会保险制度等是密不可分的,往往受到上述这些相关制度的影响。例如,在一些欧美国家,由于工会制度的高度发达,劳动合同的解除在实践中非常困难。又如,北欧国家集体谈判制度高度发达,对于个别劳动合同的解除权的限制和约束不少是通过集体劳动合同来规定的。社会保险制度的发达,则在一个更长的时段内为休产假的妇女保留工作职位提供了可能。因此,研究劳动合同解除权制度不能一叶障目,而是要将其置于整个劳动法和社会法制度之下,争取一叶知秋,加深对劳动法制度的系统性理解。

　　本书致力于发掘和总结中国劳动法制经验,特别是在劳动合同解除制度方面的成绩和问题,对劳动法的国际比较研究作出贡献。中国是世界上最大的发展中国家,也是人口最多的发展中国家。随着中国改革开放和经济发展,在推进劳动关系正式化、改进劳动卫生与安全标准、扩大和加强劳工保护等方面,中国的劳动法制建设取得了令人瞩目的成绩。在一个经济转型过程中,如何将更多的工人纳入正式的劳动关系保护,以及如何通过合同解除权制度提供劳动保护,中国的劳动法经验对于其他发展中国家的劳动法制建设将具有重要的借鉴和参考意义。中国的劳动法经验,具有世界意义。

最后,还需要指出的是,本书围绕我国劳动合同解除权制度展开了细致的研究,总结了立法规定和司法实践,并指出了实践中的问题,提出了对策和建议。《劳动合同法》对劳动合同解除权的相关规定过于笼统和原则,给法律的实施造成了一定的影响。本书有助于用人单位更加注重劳动者的保护,在劳动合同解除方面做到合情合理合法。本书也对司法实践中的案例进行了一定的研究,并指出了其中的一些问题,以期有助于司法机关准确理解和适用有关法律。本书对于立法机关和法律实务部门工作人员具有一定的参考价值。

二、文献综述

1. 国内研究现状

劳动合同解除是劳动法的基本制度之一,随着2008年我国《劳动合同法》的制定,国内学界也加强了对劳动合同制度的研究,不少学者也在其研究中涉及劳动合同解除制度。国内学界的研究,大致可以归纳为以下三个部分。

第一,对劳动合同解除制度普遍性问题的研究。

很多专家对劳动合同解除和劳动合同终止的问题进行了研究。他们在对劳动合同解除制度、劳动法著作或者劳动合同法专门研究中,对这个问题做了专章研究。例如,王全兴教授在其著作中对劳动合同解除的概念、条件和种类等基本问题进行了阐述。[1] 此外,王全兴教授还通过对劳动合同的解除与终止同劳动关系的解除与终止进行概念辨析,诠释劳动合同解除的含义,其采用图示的方法对制度的概要进行了展示。[2] 郑尚元教授在其著作中将劳动合同解除分为了三类,一是双方当事人协商解除,二是用人单位单方解除,三是劳动者单方解除。同时通过梳理随时解除的情形、预先解除的情形、经济裁员的情形、不能一方解约的情形、职工委员会对单方解除劳动者合同的监督作用对单方解除劳动合同制度做阐述。[3] 宣冬玲,董保华教授在其二人主编的著作中阐述了劳动合同解除和撤销的含义,对劳动合同解除重新定义,而且还对劳动合同解除的情况进行了说明,与此同时,把劳动合同解除进行了流程化、劳动合同不得解除的情形、劳动合同自行解除的情形进行论述。[4] 林嘉教授着重探讨了劳动合同解除时劳动者享有的辞职权、雇主对雇员的解雇权,还有一次性经济补偿等其他问题。[5]

有的学者在著作中结合案例分析对劳动合同解除制度进行解读。例如,黎建飞教授在其著作中结合《劳动合同法》的立法背景与实施状况,通过分析代表性案例与典型判决等材料,从用人单位与劳动者两方面揭示了劳动合同解除及其限制的原理与立法宗旨与价值。[6] 此外,黎建飞教授在其另一部著作中,还通过热点问题分析、难点问题解惑、疑点问题探讨三个栏目,对劳动合同解除权在立法过程中的背景、实施过程中可能遇到的难题进行了探究。[7]

有些学者在对《劳动合同》的法条分析中阐述合同解除制度的构成内

---

[1] 参见王全兴:《劳动法》(第3版),法律出版社2008年版,第172页。
[2] 参见王全兴主编:《劳动法学》,高等教育出版社2008版,第188—200页。
[3] 参见郑尚元主编:《劳动法学》,中国政法大学出版社2007版,第152—164页。
[4] 参见宣冬玲、董保华编著:《劳动的法律保障》,知识出版社1989年版,第117—126页。
[5] 参见林嘉:《劳动法的原理、体系与问题》,法律出版社2016年版,第201—222页。
[6] 参见黎建飞:《劳动法与社会保障法:原理、材料与案例》,北京大学出版社2015版,第73—87页。
[7] 参见黎建飞主编:《劳动合同法热点、难点、疑点问题全解》,中国法制出版社2007版,第132—146页。

容。王全兴教授在其著作中通过介绍试用期外预告辞职、试用期内预告辞职、即时辞职的特点,对涉及劳动合同解除方式的法律条文进行精解,通过阐述随时通知辞职的许可性条件、无须通知辞职的许可性条件、即时辞退的许可性条件、预告辞退的许可性条件、规模裁员的许可性条件与程序对涉及劳动合同解除的程序的法律条文进行精解。[1] 黎建飞教授通过解读法条、阐述相关法理、解读实例、整理关联法条,系统探讨劳动合同解除的概念、种类、程序、后果等问题。[2]

有的学者通过对比国内外立法例对劳动合同解除的相关问题做理论探讨。例如,黎建飞教授结合我国现行法以及英国、德国、法国、新加坡、俄罗斯等域外立法例,从用人单位解除合同及其限制与劳动者解除合同及其注意事项两个方面阐述了关于劳动合同解除的问题。[3] 郑尚元教授结合中国大陆的劳动合同解除制度特色对相应的法条进行理性分析与法学透视,并同域外制度做分析比较,对解雇保护制度、经济性裁员、劳动者辞职等方面深入剖析。[4] 郑爱青教授通过分析法国劳动合同立法中因个人原因解除的法定理由、法定程序,因经济原因裁员的特征、法定程序,总结法国立法例对完善我国劳动解除有关规定的借鉴意义。

还有学者在论文中从各种角度对解除权的内容进行研究。例如,郑爱青教授评价了劳动合同解除种类,提议在立法中区分因劳动者个人原因的解除和因经济原因的解除。其还提议把固定合同期限和不固定合同期限劳动合约同解除制度结合,从而确立同劳动合同期限一致的劳动合同解除制度。[5] 还有学者从劳资关系博弈的角度,对我国《劳动合同法》中劳动合同

---

[1] 参见王全兴:《劳动合同法条文精解》,中国法制出版社2007版,第130—161页。
[2] 参见黎建飞主编:《中华人民共和国劳动合同法辅导读本》,中国法制出版社2007版,第199—237页。
[3] 参见黎建飞:《劳动法的理论与实践》,中国人民公安大学出版社2004年版,第327—350页。
[4] 参见郑尚元:《劳动合同法的制度与理念》,中国政法大学出版社2008版,第241—324页。
[5] 参见郑爱青:《完善我国劳动合同解除制度的思考和建议》,载《法学杂志》2007年第3期。

解除权的设定进行了反思,提出有必要将诚实信用原则作为劳动契约解除自由倾斜性限制的必要补充。[1] 也有学者对我国劳动合同解除的现行规定提出了不少批评和改善意见。[2]

第二,有关解雇权和解雇保护的研究。

不少学者对用人单位解雇权开展了深入研究。董保华教授通过解读"京城解聘第一案",论述何为非过错性解雇及过错性解雇,同时探讨了解除无固定期限的劳动合同时经济动因的合理性与解除方式的合法性问题。[3] 此外,董保华教授从法、理、情三个角度对企业裁员的性质、裁员与协商解除劳动合同之间的关系、企业裁员中民主协商的空间选择及其现实困境、裁员程序之行政化改造和风险承担等企业裁员的问题进行论述。[4] 黎建飞教授认为解雇制度会对劳动者就业权产生直接影响,从限制解雇权的必要性、解雇条件的立法形式、解雇事由法定类别、解雇权行使的禁止与限制、解雇保护补偿金的变化等方面比较分析海峡两岸解雇条件、解雇预告期的相通性以及各自的特点,并总结出台湾地区非法解雇法律责任值得借鉴的先进经验。[5]

有学者从解雇事由、解雇程序和解雇待遇三个方面对雇主解雇权限制进行了比较研究,主张我国应适度限制解雇权,其中,一定要限制对固定期限劳动合同的滥用,反而应该对没有固定期限的劳动合同允许相对灵活的解雇权。[6] 姜颖教授主张为平衡用人单位与劳动者之间的地位,保护劳动

---

[1] 参见李敏华、刘忠杰:《劳资利益博弈之理性——以劳动合同解除为例》,载《社会科学家》2008年第8期。
[2] 参见喻术红:《劳动合同法专论》,武汉大学出版社2009年版,第108—133页;石峰等著:《劳动合同法专题研究》,上海大学出版社2016年版,第65—104页。
[3] 参见董保华:《解读京城解聘第一案》,载《中国人力资源开发》2008年第11期。
[4] 参见董保华、田思路、李干、饶志静:《从法理情审视〈企业裁减人员规定(征求意见稿)〉》,载《中国劳动》2015年第5期。
[5] 参见黎建飞:《海峡两岸解雇制度比较研究》,载《海峡法学》2010年第4期。
[6] 参见李国庆:《解雇权限制研究》,中国劳动社会保障出版社2011年版,第112页。

者合法权益,将引入比例原则用到用人单位劳动合同解除权行使中,限制用人单位随意使用解除权。[1] 也有意见对劳动合同法中用人单位即时辞退制度的完善提出了建设性的意见。[2]

有的学者专门针对解雇保护进行研究。例如,董保华教授认为,我国无固定期限劳动合同以"三管齐下"的方式一味追求劳动关系的稳定,不符合国际惯例。重构我国的解雇保护制度,应当让固定期限合同与无固定期限合同,承担不同功能,并可以进行选择,进行双向改革,使我国劳动关系达到动态和谐。[3] 此外,董保华还认为,经济补偿金应当作为解雇保护之措施且其对劳动关系具有收紧或放宽作用,将"被动解除劳动关系"作为经济补偿金之确定标准是合理的。[4] 经济补偿与失业保险之"补充模式",能在维持必要的解雇保护,保障失业人员基本生活和降低企业成本之间达到一个较好平衡。[5] 谢增毅教授认为,经济补偿的性质功能具有多元性,经济补偿应当与失业保险、解雇保护、工会和集体谈判等相关制度进行整体考察,不应只就经济补偿孤立考察。

我国现行《劳动合同法》,在现阶段的社会背景下,对经济补偿的法定范围扩大具有一定的合理性,但从长远看,我国应适当缩小经济补偿的范围,并建立与其他相关制度的衔接机制。[6] 此外,谢增毅教授还通过分析不当解雇的含义及由来,探讨雇主不当解雇赔偿责任应当考量的因素,考察英国、德国、美国、日本和法国等国家的立法例,检讨我国《劳动合同法》规则中关于不当解雇的不足之处,提出目前我国《劳动合同法》关于雇主不当解雇的归责过于简陋,应借鉴域外先进经验,建立可以反映雇员实际损失的可操

---

[1] 参见姜颖、李文沛:《试论比例原则在劳动合同解除中的应用》,载《河北法学》2012年第8期。
[2] 参见冯涛等:《劳动合同法研究》,中国检察出版社2008年版,第167—216页。
[3] 参见董保华:《论我国无固定期限劳动合同》,载《法商研究》2007年第6期。
[4] 参见董保华:《劳动合同法中经济补偿金的定性及其制度构建》,载《河北法学》2008年第5期。
[5] 参见董保华、孔令明:《经济补偿与失业保险之制度重塑》,载《学术界》2017年第1期。
[6] 参见谢增毅:《劳动法上经济补偿的适用范围及其性质》,载《中国法学》2011年第4期。

作性的赔偿规则。[1] 他认为，与域外立法例相比，《劳动合同法》在违法解除责任方面，没有将通常禁止性雇主解雇雇员的情形包括在内，这是《劳动合同法》关于劳动合同解除规定的不足的地方，该法律第 87 条看似对雇主的赔偿责任加重规定，但实际上并不合理。[2] 林嘉教授在对《劳动合同法》的影响评价中分析了关于解除劳动合同的经济补偿金问题，其认为经济补偿金的目的之一是促使企业在解雇员工时，基于解除和终止劳动合同的成本的考虑，为了避免支付补偿金从而尽可能维持劳动关系稳定。[3] 黎建飞教授不赞成《劳动合同法》通过增加劳动合同解除的难度从而加大解雇成本、增加用工成本的观点，他通过分析双方商量解约、雇员一方解约、雇主一方解约等三个方面解除权问题，得出《劳动合同法》并未增加合同的解约难题的缘由。[4] 还有一部分学者从解雇保护的角度，详细剖析了解雇保护的历史发展和制度机理以及在我国的具体适用方式。[5]

还有学者从不同的角度对单位单方解除合同方面进行探讨。例如，王全兴、侯玲玲以案例为引，对企业在同劳动者解除劳动合同时开除与惩戒性解除劳动合同的两种选择模式进行分析，他们认为《企业职工奖惩条例》是计划经济体制下的立法产物，体现的是国家行政管理的模式下国有企业与劳动者之间的劳动关系，这不是平等的合同关系，得出应当废除的结论。[6] 黄昆、王全兴、朱继萍对关于解除劳动合同经济补偿所涉及不同效力等级的规范性文件对相同问题作出不同规定时，处理这种关系的法律适用问题的依据与原则进行探讨。[7] 郑尚元教授通过评析案例，认为劳动者因公负伤，

---

[1] 参见谢增毅：《雇主不当解雇雇员的赔偿责任》，载《法律科学》2010 年第 3 期。
[2] 参见谢增毅：《对〈劳动合同法〉若干不足的反思》，载《法学杂志》2007 年第 6 期。
[3] 参见林嘉：《〈劳动合同法〉的立法价值、制度创新及影响评价》，载《法学家》2008 年第 2 期。
[4] 参见黎建飞：《劳动合同解除的难与易》，载《法学家》2008 年第 2 期。
[5] 参见熊晖：《解雇保护制度》，法律出版社 2012 年版，第 34—39 页。
[6] 参见王全兴、侯玲玲：《开除与惩戒性解除劳动合同的选择》，载《中国劳动》2006 年第 8 期。
[7] 参见黄昆、王全兴、朱继萍：《不同效力等级规范性文件的法律适用》，载《中国劳动》2008 年第 6 期。

同时因其他事由被追究刑事责任的,用人单位可以与其解除劳动合同,而非必须解除合同。[1]

第三,对劳动合同单方解除制度的研究。

有学者对劳动合同的单方解除制度进行了专门研究,通过对美英德法日等国的比较法考察,建议要建立具有中国特色的劳动合同单方解除制度,主张对不同劳动合同和不同身份的劳动者,区别适用不同的解雇制度。[2] 有学者认为劳动者单方解除权是一种形成权,一般可以撤回,原则上不可撤销。[3] 不少学者对实践中劳动者的辞职权进行了研究。例如,有学者对劳动者单方面解除权行使中的预告期进行了研究。[4] 王全兴教授围绕着《劳动合同法(草案)》(以下简称《草案》)中劳动者"宽进宽出"的问题进行讨论,他认为《劳动法》与《草案》相比对劳动者"宽出"给予其更多的辞职自由,《草案》对劳动者违反服务期约定、违反竞业限制约定需要支付违约金的数额作出规定,王兴全教授认为《草案》对无条件预告辞职应当进一步完善其限制性规定。[5] 有学者对劳动者预告解除权的性质做分析,认为劳动者预告解除权属于附期限形成权,期限一旦届满,劳动合同自然解除,如果劳动者行使了预告解除权,就不得对其请求撤销,在预告期内用人单位可以行使解除权。[6] 关于劳动者解除权限制的问题,学者们认为应当给予限制。

有学者认为劳动者的任意解除权之法律性质属于合法违约权,该权利体现对劳动者的倾斜保护,同时,应当根据实际情况对该权利作出相应的限制,从而实现劳资双方利益平衡。[7] 有学者认为对劳动者单方解除权进行

---

[1] 参见郑尚元:《因工伤能解除劳动合同吗》,载《中国中小企业》2000年第3期。
[2] 参见彭小坤:《劳动合同单方解除制度研究》,法律出版社2009年版,第90—112页。
[3] 参见黄昆、刘畅:《劳动者提出辞职后可以撤销吗——从劳动合同单方解除权的性质分析》,载《中国劳动》第2011年第6期。
[4] 参见陈璐璐:《劳动者预告解除劳动合同研究》,载《法制与社会》2008第29期。
[5] 参见王全兴:《劳动合同立法争论中需要澄清的几个基本问题》,载《法学》2006年第9期。
[6] 参见蔡建辉:《劳动者预告解除权属性分析》,载《中国劳动》2013年第10期。
[7] 参见秦铁铮:《劳动者任意解除合同权新探》,载《中国人力资源开发》2009年第9期。

一定的限制是有必要的,通过结合现实情况分析劳动者单方解除权的不足,提出应当借鉴域外立法例的经验针对不同劳动合同类型对其进行相应的限制、根据劳动者不同的工作岗位设置不同的预告期等完善建议。[1] 关于劳动者能否以用人单位未付未休带薪年休假报酬为由单方解除劳动合同这一问题,有学者认为劳动者在前述情况下不享有单方解除权,认为该种情况下的单方解除权不符合《劳动合同法》第38条以及带薪年休假相关法规的立法宗旨。[2]

上述研究为本书的研究提供了良好的基础,本书将沿着前人开拓的研究视野继续深入。

第一,迄今为止,国内学界还没有系统性开展研究劳动合同解除权。劳动合同解除权,或者是结合在劳动合同解除制度中加以研究,或者是分立为解雇权和劳动者辞职权分别加以研究,而很少将劳动合同解除权作为具有整体性的一项制度来进行系统考察。劳动合同解除权作为一项制度其独立价值和意义尚未得到充分的发掘。对劳动合同解除权的研究当然应当借鉴国内已有的对劳动合同解除问题的研究,但是劳动合同解除权的研究应更侧重于单方解除权的设计和分配,从而反观劳动关系的安定性和劳动法目的的实现。

第二,学界对于劳动合同解除权的理论研究还相对薄弱,有必要通过借鉴国内民法的研究、参考比较法的考察,对劳动合同解除权的理论方面进行进一步的研究。

第三,对劳动合同解除权的研究,从逻辑上讲应当更先于解雇保护。解雇保护制度更强调在解雇过程中对劳动者权益的保护,而对劳动合同解除权的研究,要先解决劳动合同解除权在雇主和劳动者之间的分配问题,并且

---

[1] 参见胡志鑫:《劳动者单方解除劳动合同的规制》,载《集团经济研究》2005年第11S期。
[2] 参见高战胜:《劳动者不能以用人单位未付未休年休假报酬为由解除劳动合同》,载《法学杂志》2015年第11期。

在研究旨趣上更是着眼于整体劳资关系的安定性和动态平衡。

第四,对劳动合同解除权的研究,不仅要关注劳动合同解除制度本身,还要关注劳动合同解除权的运行和实现与其他劳动法制度相互作用,关注劳动合同解除权的设置与劳动力市场刚柔之间的关系,更好地回应劳动合同解除权制度安排与一国经济社会发展阶段的适应问题。

2. 国外研究现状

解雇保护制度最先是在欧洲大陆获得了法律确认和发展,随后逐渐发展到英国和英联邦国家,以及其他发展中国家。国外学界对各国劳动法中劳动合同解除制度或者雇佣保护制度的个别研究和比较研究,例如针对世界各国的有关劳动合同解除制度或者雇佣保护制度的立法和实施,开展具体的制度研究,或者对各国的相关制度,选取某些方面进行比较研究。[1]

从时间上来看,在世界范围内,从解雇自由转变为对劳动合同解除权的规制最早发生在20世纪初的欧洲大陆国家立法实践,因此早在20世纪20年代就有学者对欧洲大陆国家立法中的不公平解雇的规制开展了研究。[2] 劳动法学界对于欧洲大陆有关劳动法制度中对于劳动合同解除制度的研究相对较为丰富。[3] 例如,有学者对欧洲百年来解雇法的历史发展进行了回顾;[4]

---

[1] 对雇主解雇权的一个相对较为全面的研究,参见 Americo Pla Rodriquez, *Termination of Employment on the Initiative of the Employer*, Comparative Labour Law, Vol. 5 (1982), pp. 221 - 247。

[2] 参见 Erich Molitor, The Protection of the Workers against Unfair Dismissal in Continental Legislation, *International Labour Review*, Vol. 15 (1927), pp. 230 - 244。

[3] 例如,关于荷兰雇佣保护的制度,参见 Robert Knegt, *Regulating Dismissal from Employment: Administrative and Judicial Procedures in the Netherlands*, Law and Policy, Vol. 11 (1989), pp. 175 - 187;对法国雇佣保护的研究,A. P. Davidson, *Reinstatement in Employment as a Remedy for Unfair Dismissal in France*, University of Tasmania Law Review, Vol. 7 (1983), pp. 295 - 307;Otto Kaufmann, *Weakening of Dismissal Protection or Strengthening of Employment Policy in France?*, Industrial Law Journal, Vol. 36 (2007), pp. 267 - 286;对意大利的相关研究,参见[意]T. 特雷乌:《意大利劳动法与劳资关系》,刘艺工等译,商务印书馆2012年版。

[4] Bob Hepple, *Dismissal Law in Context*, European Labour Law Journal, Vol. 3 (2012), pp. 207 - 214.

有学者以欧洲经验为基础,对劳动合同解除法律的一般特点进行了归纳;[1]有学者从产权的视角,对劳动合同终止制度进行了深入分析,强调劳动关系的存在一定意义上是对雇主财产所有权的法律限定,在劳动法中不应该过分强调雇主的财产权绝对观念;[2]有学者对临时工的解雇问题进行了研究,[3]还有学者对非法移民工人的解雇问题作了专题研究。[4]

欧洲国家的有关劳动合同解除的立法和实践,也随着时代的发展和经济社会条件的变化,不断在发生变化。从时间来看,对劳动解除进行立法规制和劳动保护的规则,是在欧洲经济发展的黄金时期20世纪60年代至70年代引入的。从20世纪90年代开始,欧盟提出在劳动保障和灵活性之间要保持平衡,避免劳动关系的过度僵化。[5] 在2008年经济危机之后,有些欧洲国家例如西班牙等在国际社会的压力之下开始收缩劳工保护,增加解雇制度的灵活性。[6]

国际劳工组织在劳动合同解除方面的国际劳工标准也引起了国际社会和学界的重视,对推动国际社会在解雇问题上的劳动立法产生了积极的影响。国际劳动组织在1963年通过了《终止雇佣建议书》(第119号)[7],该建议书并无法律上的约束力,但是在实践中对不少国家的劳动立法产生了积极影响。随着各国国内劳动立法在解雇权限制方面的发展,国际劳工组

---

[1] Bob Hepple, *European Rules on Dismissal Law*, Comparative Labour Law Journal, Vol. 18 (1996), pp. 204-228.

[2] Steven Anderman, *Termination of Employment: Whose Property Rights?*, Catherine Barnard, Simon Deakin & Gillian S. Morris (eds.), *The Future of Labour Law: Liber Amicorum Bob Hepple Qc*, Oxford: Oxford University Press, pp. 101-128.

[3] Mark Berger, *Unjust Dismissal and the Contingent Worker: Restructuring Doctrine for the Restructured Employee*, Yale Law & Policy Review, Vol. 16, No. 1 (1997), pp. 1-57.

[4] Dawn Norton, *Workers in the Shadows: An International Comparison on the Law of Dismissal of Illegal Migrant Workers*, Industrial Law Journal, Vol. 31 (2010), pp. 1521-1555.

[5] 参见 Frank Hendrickx, *Flexicurity and the EU Approach to the Law on Dismissal*, Tilburg Law Review, Vol. 14 (2007-2008), pp. 90-106。

[6] 参见 Jose Luis Gil y Gilt, *Stengthening the Power of Dismissal in Recent Labor Reforms in Spain*, Comparative Labor Law and Policy Journal, Vol. 35 (2013), pp. 413-448。

[7] 国际劳工组织《解除雇佣建议书》(第119号建议书),1963年6月26日通过。

织通过了《一九八二年终止雇佣公约》(第158号公约),[1]并且通过了新的《一九八二年终止雇佣建议书》。[2] 在20世纪80年代以后,特别是在国际劳工组织通过了《一九八二年终止雇佣公约》(第158号公约)之后,在世界范围内,不少国家,尤其是发展中国家在其劳动立法中对雇佣保护作出了明文的规定。有学者对国际劳工公约和建议书本身进行了研究,还有的是对其与成员国法律进行了比较研究。[3]

欧洲大陆国家的劳动立法在劳动合同解除制度方面长期居于领先地位,其中尤其以德国的相关制度最具有代表性、最具有范例作用。德国最早对于不公平解雇进行限制的努力,是1920年《工厂委员会法》的制定。该法要求,雇主在一般解雇时需要说明理由,并且赋予了工厂委员会在某些情况下介入甚至诉诸法院的权利。但是该法并没有绝对限制雇主解除劳动合同的权利,即便没有合法理由,雇主在支付赔偿金的情况下同样可以解除劳动合同。[4] 1951年,德国专门出台了《解雇保护法》,这个法的制定受到了劳资双方的支持。在该法制定之前,除非有特别情况,解雇原则上是合法的;而在该法制定之后,普遍的认识是,除非有合乎法律的特别理由,雇主解雇原则上是非法的。[5]《解雇保护法》规定,只有存在正当理由的情况下,解雇才是合法的,正当理由包括与雇员自身有关的原因、雇员行为,以及经济

---

[1] 参见国际劳工组织《一九八二年终止雇佣公约》(第158号公约),1982年6月22日通过。关于条约中文本,参见国际劳工组织:《国际劳工公约和建议书》(第二卷),国际劳工组织北京局1994年版,第286—291页。

[2] 参见国际劳工组织《一九八二年终止雇佣建议书》(第166号建议书),1982年6月22日通过。关于建议书中文本,参见国际劳工组织:《国际劳工公约和建议书》(第二卷),国际劳工组织北京局1994年版,第292—297页。

[3] Jack Stieber, *Protection against Unfair Dismissal: A Comparative View*, Comparative Labour Law, Vol. 3 (1979), pp.229-240.

[4] Manfred Weiss & Marlene Schmidt, *Labour Law and Industrial Relations in Germany*, The Netherlands: Wolters Kluwer, p.123.

[5] Manfred Weiss & Marlene Schmidt, *Labour Law and Industrial Relations in Germany*, The Netherlands: Wolters Kluwer, p.123.

原因。[1]

意大利学者主张通过限制劳动合同终止来防止雇主规避法律。"根据集体协议、实践或衡平法所确立的通知期间,或支付通知期间通常的报酬作为补偿,双方可以发出具有一定期间的通知来终止具有不确定期间的雇佣关系"[2] 为保护雇员不被任意解雇,也为保护雇主不遭受雇员辞职而带来的损失,双方都有权利接收提前终止的通知或得到相应的损害赔偿。雇主必须以书面形式把解雇的情况告知被解雇的雇员,并且,经雇员要求,要对解雇的原因作出详细解释。

英国长期坚持普通法中的缔约自由,直到20世纪70年代才在国际劳工立法和欧洲大陆国家劳动法的影响之下,逐渐对雇主的解雇权利进行了法定限制。[3] 英国在其1971年《产业关系法》中引入了不公平解雇(Unfair Dismissal)的制度,该法于1972年2月生效,后被纳入1978年的《雇佣保护法》。由此,英国对于劳动合同解除形成了不同的救济制度,第一种是普通法上的非法解雇(wrongful dismissal),第二种是以成文法为基础的不公平解雇。对于违反合同、合同法、计算标准的劳动合同所要承担的责任,英国学者侧重于分配违反合同的责任承担。在英国司法体系中,"非法解雇"制度和"不公平解雇"制度适用较为灵活,具体表现为:成文法与普通法并用,非法解雇制度适用的是普通法,不公平解雇制度由成文法予以规制。普通法为被非法解雇的雇员提供的救济措施包括损害赔偿救济、衡平法救济权利宣言救济和公法救济,最常见的是损害赔偿救济。不公平解雇的救济措施

---

[1] 参见[德]曼弗雷德·魏斯等:《德国劳动法与劳资关系》,倪斐译,商务印书馆2012年版,第136页。

[2] [意]T.特雷乌:《意大利劳动法与劳资关系》,刘艺工、刘吉明译,商务印书馆2012年版,第115页。

[3] 参见Leonard Rico, *Legislating Against Unfair Dismissal: Implications from British Experience*, Industrial Relations Law Journal, Vol. 8 (1986), pp. 547-582。

包括恢复职位或重新雇用、经济补偿及临时救济。[1]

英国学界对于劳动合同解除制度的研究,代表性的著作有以下三部。第一部是马尔科·米德(Malcolm Mead)的《不公平解雇》,该书侧重于从法律实务的角度,就受保护的雇员、何谓解雇、解雇事由、程序与实体公平、对特殊群体的解雇以及救济手段等方面,详细阐明了相关法律规则。[2] 第二部是英国埃塞克斯教授史蒂文·安德曼(Steven Anderman)的《不公平解雇法》。该书体例与前一部著作类似,都是大量印证了英国法院的案例来阐明法律。但是该书不仅分析更为细致、时间上更晚一些,还有不少新的内容,例如,详细讨论了雇主解雇行为是否合理的评判标准、不公平裁员的情形、与产业行动有关的解雇等。[3] 第三部是英国牛津大学休·柯林斯(Hugh Collins)教授的《解雇中的正义:终止雇佣关系的法律》。与前两部著作主要关注成文法不同,柯林斯教授着重对解雇问题中的理论问题进行了深入探讨,批判了不公平解雇中适用的普通法思维,强调要加强对工人的权利保护,认为不公平解雇法的解释和适用要以保护工人权利及其尊严和自主为基础。[4]

雇员不能胜任工作可能是解雇的理由,但对于雇员中的特殊群体而言,雇员"不能胜任工作"的责任可能转移到雇主一方。例如,为有残障的雇员在工作中提供"合理便利"的条件。虽然这些附加条件的实施会增加雇主的经营成本,或者需要雇主承担更多的责任、增加其负担,但雇主也不得以此为由拒绝这些附加条件。例如,在 Williams 诉 J. Walter Thompson Group Ltd 一案中,被雇主雇用的 Williams 是一位盲人。在招聘时,雇主未能充分了解

---

[1] Simon Deakin & Gillian S. Morris, *Labor Law* (6th Edition), Oxford: Hart Publishing, 2012, pp. 416 - 599.
[2] 参见 Malcolm Mead, *Unfair Dismissal* (4th edition), London: Longman, 1991。
[3] 参见 Steven Anderson, *The Law of Unfair Dismissal* (3rd edition), Butterworths, 2001。
[4] 参见 Hugh Collins, *Justice in Dismissal: The Law of Termination of Employment*, Oxford: Clarendon Press, 1992。

她在工作时所需要的设施和辅助器具等,以及为她能够进行工作而提供的"合理便利"所需要增加的支出。在她不能进行工作时,雇主以"不能胜任工作"为由解雇了她。上诉法院认为,雇主在招聘时已经充分了解她失明的情况,但对只有为她采购特定的软件后才能工作了解不足,且知道后也没有履行该项职责。因此,J. Walter Thompson Group Ltd 对 Williams 得不到法律的支持。[1]

澳大利亚作为普通法国家,也引入了解雇保护的成文法。1993 年澳大利亚通过《产业关系改革法》,将不公平解雇和歧视性解雇的保护纳入了成文法。[2] 澳大利亚学者对不公平解雇的判断标准进行了总结:解雇是否是严苛的、不公正的或者不合理的,必须要考量个案中的具体事实和条件;解雇的正当的理由;雇员是否被告知了解雇原因;雇主是否给了雇员解释其不正当行为或未能履行合同的机会;雇主是否警告雇员,如果他不改善工作表现,他将会被解雇;雇主在如何处理雇员的问题上,是否咨询了专业的律师或人力资源专家;最后,而且非常重要的是,雇主是否考虑了雇员的一些个人情况:例如,雇员的年龄、经验以及雇佣记录(已经被雇用了多久以及这个雇员是否一直以来勤奋工作、表现良好)。[3]

美国迄今仍然实行自由解雇的制度,[4] 除非雇主和雇员之间另有约定,双方将随时能够处理雇佣关系。在美国法律中,对终止雇员和雇主的雇佣

---

[1] Martin David, *Discrimination Law and Employment Issues*, Thorogood, 2006. P.59.

[2] Anna Chapman, *The Declining Influence of ILO Standards in Shaping Australian Statutory Provisions on Unfair Dismissal*, Monash University Law Review, Vol 29 (2003), pp. 104 – 139; Anna Chapman, *Protections in Relation to Dismissal: From the Workplace Relations Act to the Fair Work Act*, University of New South Wales Law Journal, Vol. 32 (2009), pp.746.

[3] Andrew Stewart, *Stewart's Guide To Employment Law* (4th edition), [M], Sydney: The Federation Press, 2013, p.121.

[4] 自由雇佣制度源于 19 世纪英国,至今还有个别前英属殖民地,例如尼日利亚,目前仍然沿用早期英国殖民时期的自由解雇制度。参见 Joseph Abugu, *ILO Standards and the Nigerian Law of Unfair Dismissal*, African Journal of International and Comparative Law, Vol. 17 (2009), pp. 181 – 212。

合同的权利没有特别的限制。但是,对于过错解雇的情况,雇主需要承担高额的损害赔偿。[1] 有学者对美国的自由解雇制度做了详细的分析,还有学者详细比较了12个国家的解雇保护制度的法律和实践,认为美国的制度在实践中提供的保护并不低。[2] 斯通教授对美国的自由解雇制度进行了再思考,认为这个学说可以进行改造和发展,纳入更多劳动保护的内容。[3]

综上可知,普通法国家在其劳动法发展过程中继受了契约自由的历史经验,主要通过对不当解雇和非法解雇的限制,来调整劳动合同的解除问题,强调个体主义。而在大陆法系国家,成文法发达,劳动合同的解除属劳动立法的重要部分,例如,在德国和意大利,劳动合同解除有相对独立和完整的制度规定,强调国家干预主义。各国的相关立法,也都是基于本国特定的历史传统和经济社会条件逐步发展形成的,各有其特色。这些经验和相关学术研究,对于本书也有很强的借鉴意义。

当然,国外的研究也有其局限性。第一,主要都还是欧洲及其他地区发达国家的经验,对欧洲之外的发展中国家的相关劳动立法关注较少,具有一定的片面性。第二,上述国家的雇佣保护立法,大多数是在完成工业化以后才制定的,换言之,对于一个处在工业化进程中的国家来说,劳动合同解除权制度应当确立多大程度的保护、以何种方式纳入等问题,并无现成的答案。第三,欧洲的劳动法经验是建立在西方式民主政体基础之上的,三权分立、高度的工会自由、发达的市民社会等都是法律制定和实施过程中不可忽视的因素。如何在中国特色的社会主义国家下设计和实践劳动合同解除权制度,需要我们开展独立的思考。因此,在中国语境下研究劳动合同解除权

---

[1] 参见[美]约翰·W.巴德:《人性化的雇佣关系——效率、公平与发言权之间的平衡》,解格先、马振英译,北京大学出版社2007年版,第121页。

[2] Samuel Estreicher & Jeffrey M. Hirsch, *Comparative Wrongful Dismissal Law: Reassessing American Exceptionalism*, North Carolina Law Review, Vol. 92 (2013–2014), pp. 343–480.

[3] Katherine V. W. Stone, *Revisiting the At-Will Employment Doctrine: Imposed Terms, Implied Terms, and the Normative World of the Workplace*, Industrial Law Journal, Vol. 36 (2007), pp. 84–101.

问题,需要尊重中国的实际情况。同时,总结好中国经验对于其他发展中国家的劳动法建设,具有积极意义。

三、研究范围

首先,本书以劳动合同解除权为题,以我国现行法律制度为主要研究对象。在研究过程中,从比较法视野的目的出发,本书考察了英国、美国、德国、日本等国家以及我国台湾地区的相关法律制度,皆旨在"他山之石以攻玉",本书的落脚点是我国现行劳动合同解除权制度。同时需要指出的是,劳动合同解除权的研究离不开对实体劳动法标准以及劳动法争端解决机制的考察。将劳动合同解除的实体规定(静态)与程序机制(动态)结合起来研究,也是本书的一个特色。

其次,本书研究劳动合同解除权制度,针对的是个别劳动合同的解除,而不涉及集体劳动合同的解除问题。对于企业、专项、行业性和区域性集体合同的解除,不在本书研究范围内。理由是多方面的:一是个别劳动合同与集体劳动合同在目的、性质、订立主体、订立程序、生效条件等方面有根本不同,虽然同为劳动合同,但是作为劳动法制度在性质、功能和运行上有根本不同,集体合同值得专篇研究;二是集体劳动合同很少出现解除的问题,虽然在法理上不排除双方通过协商解除集体合同的可能性,但是在实践中很少发生。我国劳动法也没有对集体劳动合同的解除加以专门规定。集体合同的内容主要是对工资、假期、上班时间、工作环境、保险福利等方面的详细说明,从保护各方期待和法律利益来看,应以强调集体合同的安定性为宜。实践中更有可能发生的,当是集体合同的修改或者继受问题,而非解除。

最后要指出的是,本书研究劳动合同解除权制度,而不涉及劳务合同。对于劳务合同的解除,适用民法和合同法相关规则。当然,实践中,个别情况下对于劳动者和用人单位之间的法律关系,在性质上究竟是劳动合同还是劳务合同,有可能发生争议。只有确认为劳动关系的,其解除才适用劳动合同解除的相关规定。

当然,劳动合同有很多形式,长期的、短期的或者完成一定任务量的,不同的劳动合同成立的劳动关系在性质上不尽相同。非全日制用工的劳动合同与全日制用工的劳动合同差别很大;即便同一份劳动合同,试用期与非试用期在法律安定性上也是不同的。上述几种合同各有其特性、特点,或多或少影响劳动合同解除制度的安排,本书在研究中也充分注意了此问题。

总体而言,本书由绪论、正文及结语三部分构成,以我国劳动合同解除权作为研究对象,遵循问题导向、原因分析、路径探索、解决方案的写作原则,构建"论述劳动合同解除权的基本原理—探索劳动合同解除权中的各种状况—重点研究我国劳动合同解除权具体实施的现状及问题—提出我国劳动合同解除权实施中问题的具体建议"的写作逻辑。本书主要研究并回答劳动合同解除权实施遇到了哪些问题,并对问题进行分类研究,进而提出解决办法。正文分为六章对我国劳动合同解除权进行阐述,第一章主要梳理我国劳动合同解除权的基本原理;第二章主要分析用人单位劳动合同解除权的缘起与变迁;第三章主要分析用人单位解除劳动合同解除权的规范与限制——以"两个严重"为例;第四章主要分析劳动者劳动合同解除权的价值与特性;第五章主要分析劳动者劳动合同解除权的行使与保障——以"提前告知"为例;第六章主要分析劳动合同解除的后合同义务。

通过本书,笔者对我国《劳动合同法》进行系统、深入的梳理,对劳动合同解除中涉及的问题进行类型化研究,进而在司法实践中得以实施。在基础理论探索的基础上,实证分析我国劳动合同解除的现状及存在的问题,进而对我国劳动合同解除现在面临的问题予以论证,并从用人单位单方解除合同、劳动者单方解除合同、解除合同的后果进行研究分析,最终得以在司法实践中起到指导作用。

同时,本书还将结合我国《劳动法》、现有劳资争议实际案例等情况,重点对竞业限制、无固定期限合同、劳务派遣等内容进行深入分析,全面系统地分析劳动合同解除的现状及遇到的问题。这应该是国内在《劳动合同法》领域内的首次尝试。本书还将充分体现理论密切联系实际的特点,展示我国《劳动合同法》实施的最新案例、发展趋势等内容。

综上,本书的创新主要体现在以下六个方面。

第一,对劳动合同解除权的理论问题进行了探讨。劳动合同解除权的设置需要正确认识劳动合同解除权背后的价值维度,并妥善处理好若干矛盾关系。劳动合同解除权的制度设计需要在保护劳动者权利与尊重用人单位用工自由之间、在实现体面就业与实现充分就业之间实现平衡。

第二,从用人单位劳动合同解除权的产生、发展与雇主辞职权的价值与特性这两条主线的交织中,揭示了雇主解雇权从自由行使到限制行使(解雇保护制度)的劳动合同解除权发展变化特点;以及劳动合同解除权的价值在社会发展中日益彰显,即,劳动者解除劳动合同权是劳动者的基本权利,体现的是劳动者的"自救"权、表达的是劳动者在劳动关系中的平等权和劳动者在劳动关系中特定的财产权。

第三,在对长期困扰我们的"两个严重"条款不厌其烦地细致剖析中,提出了相应的司法解释规则,引入了"不公平解雇"——貌似不违法,实则不公平地伤害劳动者的英美法系解释规则,将特别有助于解决我国司法实践中的诸多类似案件。

第四,针对劳动合同解除权在立法和司法中的要点与难点,坚持劳动立法对于雇主从严的一贯原则,坚持在劳动合同上"招聘容易解雇难"的法律精神。在劳动合同解除制度中进一步为劳动者提供切实有效的保障,从而有效地解决劳动者"一职难保"的困扰。

第五,在制度设计中,关注主权管制与经济全球化给劳动合同解除带来的挑战。在经济全球化的发展,全球资本的流动,跨国公司在全球范围内布局生产中,发展中国家的劳动合同解除制度缺乏实际约束力,必须适时制定国际条约,将跨国公司也纳入规制,为发展中国家的劳动者提供更充分的保护。

第六,写作的视野不限于劳动法和社会保障法的范畴,而是广泛地涉猎其他相关学科,为已有的劳动法理论注入了新的元素。比如,从卢西恩·伯切克等学者对比公司高管离职时的高额补偿,论证劳动者被解雇时的相应补偿就更加具有合理性。而在"协商解雇"中,传统民法学的意思自治理论在劳动法领域中有了新的用武之地。

第一章 劳动合同解除权的基本原理

第一节 劳动合同解除权的概念与性质

一、劳动合同解除权的概念

劳动合同解除权的定义为:当劳动合同有效成立以后,用人单位或者劳动者,在法律许可的情况下,按照一定的方法及程序进行意思表达,进行劳动合同的解除,从而终止劳动关系的权利。劳动合同解除权就其本质而言,是劳动关系的一方,依照法定程序,单方面解除劳动合同的权利。

劳动合同解除权是以劳动合同解除为基础的,在此需要对劳动合同解除的概念和适用进行解释。

第一,劳动合同的解除,从法律效果上看,具有面向未来终止劳动合同的效力。[1] 劳动合同的解除是非溯及性的,之前已

---

[1] 参见林嘉:《劳动法的原理、体系与问题》,法律出版社2016年版,第201—222页。

经履行的劳动关系有效,而解除行为生效之后的劳动关系则不复存在。德国法上区分 Rücktritt 和 Kündigung,前者是有溯及力地消灭合同下债权债务关系,后者则只是面向未来的终止合同下职权债务关系,因此中文分别译为"(合同)解除"与"(合同)终止"。[1] 而当下我国合同法制度中,并未采纳此种区分,一概以解除命之。有民法学者指出,"我国合同法上没有规定终止制度,但可以将解除分为有溯及力的解除与无溯及力的解除,无溯及力的解除即为终止"。[2] 上述意见是值得参考的。

从概念上讲,劳动合同的解除是没有溯及力的解除,其效果在于面向未来终止劳动合同,[3]而并非要回溯性地使劳动合同自始无效,因此劳动合同的解除并不导致在当事人之间产生恢复原状等法律义务。

第二,我国《劳动法》与《劳动合同法》中,劳动合同解除与劳动合同终止制度是平行的,劳动合同终止有其特殊含义。劳动合同终止是依法定条件成就时,劳动合同自动终止,是一种客观发生的法律事实。而劳动合同解除则是依当事人之意思表示,主观性的终止当事方之间的债权债务关系。两者的相同点在于对劳动权利义务关系的解除不发生回溯性的效果。

第三,我国《劳动合同法》中对于劳动合同的解除,还包括了对无效或者部分无效劳动合同的解除。[4] 对生效劳动合同的解除,与劳动合同的无效解除在性质上有根本之不同。无效劳动合同欠缺有效要件,自始无效,当然无效。本书所指的劳动合同解除,除非特别说明,均指对生效劳动合同的解除。

第四,劳动合同解除,是否仅指单方解除,还是也将双方合意解除包含在内。民法学界认为,广义上的合同解除,可以包括双方合意解除和行使解

---

[1] 黄卉:《德国劳动法中的解雇保护制度》,载《中外法学》2007年第1期。
[2] 王洪亮:《债法总论》,北京大学出版社2016年版,第14页。
[3] 所谓"使债之关系向将来解消",参见韩世远:《合同法总论》(第3版),法律出版社2011年版,第504—505页。
[4] 参见《劳动合同法》第26条、第38条。

除权的解除,但是鉴于两者差别很大,因此在学理上也有见解把合意解除排除在解除之外。[1] 从劳动法学界的用途来看,属于广义理解,劳动合同解除既包括单方解除,也包括合意解除。本书的研究主题是劳动合同解除权,因此着眼点是劳动合同的单方解除问题。[2]

二、劳动合同解除权的性质

(一) 劳动合同解除是对继续性合同的解除

1. 继续性合同的内涵

劳动合同解除权,是对继续性合同时间上之长期性进行解除和终止的权利。劳动合同在性质上属于继续性合同。所谓继续性合同指的是:"合同的内容是继续地实现,并非一次给付即可完结"[3],因此劳动者在劳动合同下担负的劳动义务,称为"状态债权""此类债权的主要效力,在于履行状态的维持"[4]。

2. 继续性合同与一时性合同的关系

继续性合同与一时性合同相对应,在法律属性和规制方面有若干显著不同。一个重要特征是"继续性合同特别重视信赖基础"[5],劳动合同尤其如此。用人单位和劳动者之间订立劳动合同必须是以信赖为基础的。用人单位基于对劳动者可以继续胜任工作的信赖,劳动者基于对用人单位可以为其提供相应的工资以及工作环境的信赖,两者之间才得以订立劳动合同。

---

[1] 参见韩世远:《合同法总论》(第3版),法律出版社2011年版,第503—504页。
[2] 当然,实践中也存在用人单位或者劳动者一方虽然享有单方解除权,但事实上是通过协商一致合意解除劳动合同的情况。
[3] 韩世远:《合同法总论》(第3版),法律出版社2011年版,第62—63页。
[4] 韩世远:《合同法总论》(第3版),法律出版社2011年版,第63页。
[5] 崔建远:《合同法》(第3版),北京大学出版社2016年版,第29页。

当事人之间的信赖关系是继续性合同的实质性要素,[1]法律对继续性合同的调整不能回避对此种信赖关系的考量。

另外一个重要差别是,一时性合同强调合同信守原则,当事方不得随意解除;而对于继续性合同,法律一般赋予当事方相对灵活的合同解除权。[2]

(二) 劳动合同解除权的属性

劳动合同是合同的一种,所以也具有合同的特性。劳动合同的解除权,也是在合同神圣原则与情势变更之间保持平衡。一方面,劳动合同作为民事法律合同的一种,当然也适用合同法基本原理,包括合同神圣原则。劳动合同签订生效之后,对用人单位和劳动者都有约束力,两者都有义务履行合同权利义务,不得随意变更或者解除合同。另一方面,劳动合同相比其他的继续性合同,更需要适应情势变更的需要。行业不断兴替,旧的行业萎缩,新的行业不断兴起,在互联网时代产业的更替更是显著加快。同一行业中,企业经营状况也各不相同,企业可能随时需要调整生产规模或产业方向。劳动者也可能随时调整择业方向。从经济学的角度来看,法律上的劳动合同的解除权是为了达成资源更有效率配置的手段。因此,劳动合同的稳定性虽然是劳动法所追求的价值,保持劳动合同适度的灵活性同样也有利于社会公共利益。

劳动合同的解除权制度,在其历史发展和制度运行过程中,受到了基本劳工权利保护的影响和塑造。劳动合同具有人身属性,劳动者在劳动合同之下出卖的是劳动力。赋予劳动者解除劳动合同的权利的第一个考虑,是为了避免强迫劳动;劳动者若不允许解除劳动合同,就容易被处于"奴隶"的

---

[1] 参见韩世远:《合同法总论》(第3版),法律出版社2011年版,第64页。
[2] "对于继续性合同,只要没有设定合同的期限,原则上宜承认当事人的解约自由。"韩世远:《合同法总论》(第3版),法律出版社2011年版,第65页。

地位。[1] 国际劳工组织早在1930年就制定了《强迫或强制劳动公约》(第29号),要求缔约国在最短期限内禁止使用强迫劳动,更在1957年制定《废除强迫劳动公约》(第105号)要求缔约国立即完全废除强迫劳动。同时,用人单位解除劳动合同的权利,也深刻地受到劳工基本权利的影响和渗透。例如,雇主不得以歧视性的理由和方式解除劳动合同,不得因为种族不同、男女有别、是否结婚、家庭情况、生育、政治立场、政治意见、血统抑或卑微出身而解除劳动合同,这在各国国内法中得到了普遍承认,同时也写入了国际劳工组织1963年《终止雇佣建议书》(第119号)[2]和1982年《终止雇佣公约》(第158号公约)[3]。又如,用人单位不得以劳动者的工会身份或者参加工会活动为由,解除劳动合同,[4]这是为了确保劳动者的工会自由的权利。我国《工会法》对此也做了明确规定,工人因参加工会活动,或工会工作人员因履行职责而被解除劳动合同的,由政府劳动行政部门督促用人单位恢复聘用该工人,并且把合同解除时间里该工人应得的酬金补发到位,抑或用人单位赔偿该工人其年收入工资的二倍。[5]

第二节 劳动合同解除权的构成要件与人身属性

一、劳动合同解除权的构成要件

劳动合同解除权之行使须具备以下构成要件。

---

[1] 中国早期工厂实践存在的包身工制度,就带有强迫劳动的性质。
[2] 国际劳工组织《终止雇佣建议书》(第119号),1963年6月26日通过,第3条。
[3] 国际劳工组织《终止雇佣公约》(第158号公约),1982年6月22日通过,第5条。
[4] 参见国际劳工组织《终止雇佣公约》(第158号公约),1982年6月22日通过,第5条。
[5] 参见《工会法》,2001年10月27日修正,第53条。

第一,劳动合同解除权的标的是:有效成立的劳动合同。

劳动合同解除的对象是否限于已经生效和实际履行的劳动合同？对于已经成立但是尚未生效的劳动合同,是否可以适用劳动合同解除制度？对于尚未生效的劳动合同,应当适用有关争端解决条款或者违约责任条款,但是原则上不适用劳动合同的解除。理由在于,所谓"解除"是指在法律上使得相互负有法律权利义务的当事人从此种义务中解脱出来,合同尚未生效,则此种实体义务尚未发生,虽然效果上类似合同解除,但是更宜适用相关争端解决条款,而不宜适用合同解除制度。

第二,劳动合同解除权的行使通常以一定的客观事实为条件。

劳动合同解除权的发生大多数情况下以发生一定的客观事实为条件,即,存在某种事实或者情势,成就法定或者约定的解除权发生之条件,使劳动合同双方中的一方得到了劳动合同的解除权。例如,在《劳动合同法》第38条规定的劳动者合同解除权,是基于用人单位过错的情况,而第39条中用人单位合同解除权,是劳动者过错的情况。

但是也存在例外,例如,《劳动合同法》第37条赋予了劳动者对劳动合同的无条件解除权,不以其他法律事实为条件。在非全日制用工方面,《劳动合同法》第71条对用人单位和劳动者双方都赋予了无条件解除权。

值得注意的是,以相对方过错为基础的解除权,我国《劳动合同法》没有对于此种解除权的行使设置期限,有可能带来法律关系上不确定性之风险。例如,劳动者严重违反规章制度的,用人单位明知此种情况,仅仅对劳动者予以纪律处罚,是否可以在其后以同一事实为由解除劳动合同？或者用人单位从未对劳动者申戒或处罚,但是在一年以后以此为理由要求解除劳动合同,假设劳动者并无其他违规,是否有违公平原则？从保护劳动关系安定性的角度,似乎宜对解除权的行使设置一定的除斥期间,允许双方彼此原谅和缓和,并保护双方的信赖和期待利益。

第三,劳动合同解除权须依法定方式和程序行使。

劳动合同解除权在性质上属形成权,其行使只须权利人之单方法律行为,而无须相对人之同意,这体现了包括劳动合同在内的所有合同的属性。从劳动合同的人身特性为立足点,国家法律对劳动合同解除权的行使施加不少形式和程序限制,旨在确保解除权不被滥用,充分保障相对人的利益。用人单位或者劳动者依照法定的方式和程序行使劳动合同解除权,须有解除劳动合同之意思表示。

例如,劳动合同的解除一般需要以书面形式进行通知(《劳动合同法》第37条、第40条)。除了法定的即时解除劳动合同的情况,大多数情况下,劳动合同的解除需要提前通知相对方。更重要的是,随着工作场所民主化的发展,工会在劳动合同解除过程中发挥着重要的监督和制约作用。我国《劳动合同法》第43条规定:"用人单位单方解除劳动合同,应当事先将理由通知工会。用人单位违反法律、行政法规规定或者劳动合同约定的、工会有权要求用人单位纠正。用人单位应当研究工会的意见,并将处理结果书面通知工会。"用人单位不遵照法定的方式和程序解雇,不仅不能发生解除劳动合同的效果,还将承担损害赔偿的责任。

第四,劳动合同解除权的生效有赖于相对人的受领。

解除劳动合同之意思表示,虽然不需要相对方之同意,但是需要相对方之受领方得发生效果。因此,劳动合同解除权的行使需要解除权人通知对方。民法一般原理认为,解除合同之通知到达对方时发生合同解除的效力。[1] 但是在此问题上,劳动法对劳动合同的规制极为深入,与一般民法原理亦背离较远。

劳动合同之解除,除了即时解除的情况,一般都是附期限的解除行为。例如,对于不能胜任之劳动者裁员,我国《劳动合同法》第40条规定,劳动者

---

[1] 参见韩世远:《合同法总论》(第3版),法律出版社2011年版,第521页。

如果不能胜任该项工作,用人单位应该对其进行培训或调整其工作岗位。此时,劳动者如果还不能胜任工作,用人单位应该以书面形式通知到劳动者,而且应该提前30日通知。用人单位也可以给劳动者多支付一个月的工资,这时,劳动合同双方就可以解除劳动合同。又如,对于集体裁员,我国《劳动合同法》第41条规定,用人单位应该提前30日向工会或者全体职工说明情况,并且,用人单位还得听取工会或者职工的意见。所以,由于劳动合同关系解除对于劳动者本人的重大影响,法律对于用人单位行使解除权,除非劳动者有重大过失,原则上排除了即时解除的效果,尽可能充分保护劳动者利益,尽可能使劳资双方在挽救和存续劳动关系上获得转圜的时间和空间。

在另外一些情况下,劳动合同解除权的行使却又无须相对方之受领即可发生效果。《劳动合同法》第38条第2款规定:用人单位以暴力、威胁或者非法限制人身自由的手段强迫劳动者劳动的,或者用人单位违章指挥、强令冒险作业危及劳动者人身安全的,劳动者可以立即解除劳动合同,不需事先告知用人单位。在上述两种极端情况下,劳动者行使劳动合同解除权不需事先告知用人单位。本条主要的政策考虑,是出于保护劳动者的人身安全和基本权利,而且在上述两种情况下,保全上述价值的紧迫性使得行使权利的程序成为次要考虑。

解除劳动合同之意思表示,按照民法原理,解除的意思表示不得撤销,意在保护相对人的信赖利益[1]。在此问题上,出于劳动关系继续性之重视与维护,劳动法有关规则亦异于一般民法原理。用人单位行使解除权,在其意思表示生效之前,一般都得撤回。例如,在集体裁员过程中,雇主应该向工会或者全体职工说明情况,并且应提前30日,并向劳动行政部门报告有关裁员方案;在此过程中,用人单位得随时撤回其裁员决定。在提前30日通知

---

[1] 参见韩世远:《合同法总论》(第3版),法律出版社2011年版,第521页。

劳动者解除的情况下,经劳动者同意,用人单位同样可以撤回其解除劳动合同的意思表示,原劳动关系可继续而不受影响。

二、劳动合同解除权的人身属性

劳动合同是与人身密切联系在一起的合同,劳动合同解除权及其行使都无时不与特定的人身相联。这里面,既包括用人单位对普通劳动者的解雇,也包括用人单位对于本单位高级管理人员的解雇。

在劳动仲裁和法院审判中,劳动合同解除权的这一属性表现为用人单位在劳动者的人身依法受限后,能否解除双方的劳动合同?例如,翟某是超市员工,入职时便与用人单位签订了劳动合同。由于工作时同李某发生口角争执,下班后仍耿耿于怀,便在回家的路上再次与李某发生争执,在身边同事的拉拽下,翟某仍将李某的鼻梁打裂。广州某区法院对翟某判决:"被告人翟某犯故意伤害罪,由于犯罪情节轻微,免予刑事处罚。"后超市以翟某被人民法院判处故意伤害罪为由解除了与翟某的劳动合同,不予支付任何经济补偿金。翟某收到书面通知后,向当地劳动争议仲裁委员会提出仲裁申请,要求撤销解除劳动合同的决定,恢复与其的劳动关系。

对此,原劳动部1995年8月4日颁布的《关于贯彻执行〈中华人民共和国劳动法〉若干问题的意见》有相关的具体解释。该意见第29条明确"刑法"特指1979年7月6日颁布的《刑法》。1979年《刑法》第32条规定为"对于犯罪情节轻微不需要判处刑罚的,可以免予刑事处分,但可以根据案件的不同情况,予以训诫或者责令具结悔过、赔礼道歉、赔偿损失,或者由主管部门予以行政处分"。1997年3月14日,全国人民代表大会对《刑法》进行了修订,第37条规定:"对于犯罪情节轻微不需要判处刑罚的,可以免予刑事处罚,但可以根据案件的不同情况,予以训诫或者责令具结悔过、赔礼道歉、赔偿损失,或者由主管部门予以行政处罚或者行政处分。"《关于贯彻执行〈中华人民共和国劳动法〉若干问题的意见》第29条明确规定："被依法追究刑事责任"是指被人民检察院免予起诉的、被人民法院判处刑罚的、被人民法院依据《刑法》第32条免予刑事处分的。劳动者被人民法院判处拘役、3年以下有期徒刑缓刑的，用人单位可以解除劳动合同。据此，超市依据《劳动法》第25条第4项"被依法追究刑事责任的"规定与崔某解除劳动合同并无不妥。[1]

在劳动仲裁和法院审判中，劳动合同解除权的这一属性还出现在用人单位和其高级管理人员之间，即当用人单位在解除本单位高级管理人员的劳动合同后，相对人以其特定的身份提出抗辩。例如，李某系被告上海某公司的股东，并担任总经理。公司章程规定：董事会行使包括聘任或者解聘公司经理等职权；董事会须由2/3以上的董事出席方才有效；董事会对所议事项作出的决定应由占全体股东2/3以上的董事表决通过方才有效。2009年7月18日，该公司董事长葛某召集并主持董事会，三位董事均出席，会议形成了"鉴于总经理李某不经董事会同意私自动用公司资金在二级市场炒股，造成巨大损失，现免去其总经理职务，即日生效"等内容的决议。该决议由葛某、王某及监事签名，李某未在该决议上签名。李某作为原告诉称：被告上海某公司免除其总经理职务的决议所依据的事实和理由不成立，且董事会的召集程序、表决方式及决议内容均违反了公司法的规定，请求法院依法撤销该董事会决议。法院生效裁判认为，上海某公司章程规定董事会有权解聘公司经理，董事会决议内容中"总经理李某不经董事会同意私自动用公司资金在二级市场炒股，造成巨大损失"的陈述，仅是董事会解聘李某总经理职务的原因，而解聘李某总经理职务的决议内容本身并不违反公司章程。法院应当尊重公司自治，无须审查上海某公司董事会解聘公司经理的原因是否存在，即无须审查决议所依据的事实是否属实，理由是否成立。因此，

---

[1] 参见《员工犯罪，劳动关系能否延续？》，载《管理@人》2008年第6期。

原告李某请求撤销董事会决议的诉讼请求不成立,依法予以驳回。[1]

这一案件的产生和法院裁判的理由,显然都是以李某的高级管理人员身份为依归的。以至于,人们的关注点并不在于解除李某劳动合同的事实,而是因李某的特定身份所归属的特定程序。

第三节 劳动合同解除权的类型

劳动合同解除权,在法律上可以作不同种类之区分。

一、用人单位解除权和劳动者解除权

劳动合同解除权根据权利主体不同分为用人单位和劳动者解除权。一般而言,劳动法对劳动者的解除权赋予更多的灵活性和自由度,确保劳动者意思自治、身体自治、劳动自治,而对用人单位解除权则施加更多的限制,防止用人单位滥用权利。对于用人单位解除权和劳动者解除权之间的总量、绝对量配置,体现了一个国家在总体上对劳动关系规制的强弱程度;而对于用人单位解除权和劳动者解除权之间比例、相对配置,体现了法律上对劳资保护程度关系倾斜程度。

二、法定解除权和约定解除权

劳动合同解除权根据解除权的来源不同,又分为两方面:法定解除权和约定解除权。法定解除权是指用人单位或者劳动者依据劳动法所享有的解

---

[1] 参见《最高院指导案例:解聘公司总经理,该履行何种法律程序》,载搜狐网。该案为最高人民法院指导案例10号。该案一审、二审裁判结果完全不同,二审判决被最高人民法院选定为指导案例。

除权。法定解除权的基础是劳动法律法规,其行使方式和程序需要严格遵照法律规定,才能发生解除劳动合同的效果。约定解除权是指用人单位或者劳动者依据个别或者集体劳动合同而享有的解除权。约定解除权的基础是当事人的合同约定,此种合同约定可以是个别或者集体劳动合同,但是此种约定不得违反公序良俗,用人单位不得以此免除自己的法定责任或者排除劳动者权利。[1]

三、即时解除权和预告解除权

根据行使解除权发生效力的即时性,可以分为即时解除权和预告解除权。即时解除权一经权利人行使,即时发生解除劳动合同的效果。即时解除权必须法定,仅仅适用于少数特殊情况。例如,《劳动合同法》第38条规定,用人单位如果没有依照劳动合同中规定提供劳动保护抑或劳动条件,或者不能按时给劳动者支付足额劳动报酬的,劳动者享有的解除权一般认为是即时解除权。用人单位的即时解除权则一般只适用于劳动者有重大过错的情况,例如,雇员严重违纪、违反规章制度,给雇主带来特大损失的,抑或被司法机关依法追究刑事责任的雇员,用人单位可以依据《劳动合同法》第39条行使即时解除权。

绝大多数情况下,劳动法适用的都是预告解除权,即,解除权的行使须预先向相对人预告,预告期满,解除权才发生效果。需要说明的是,即时解除权虽然是法定的,但是对于权利人来说,是一种自由裁量的权利,法律并不禁止权利人以预告解除的方式行使即时解除权。

---

[1] 参见《劳动合同法》第26条。

四、客观不能、违约救济和任意解除权

根据解除权据发生之事实,可以区分为客观履行不能产生的解除权、违约救济的解除权和任意解除权三类。客观履行不能发生的解除权,是指因为某些客观原因,使得履约具有实质性困难,不能实现劳动合同的目的,因此赋予用人单位解除劳动合同的权利。此类权利的享有人,主要是雇主。《劳动合同法》中体现在第40条,劳动者客观上不能履行,还有客观情况有了巨大改变的时候,以及第41条集体裁员的情况。违约救济的解除权,是指用人单位或者劳动者因为对方违约,使得劳动合同不能继续履行,因而享有的解除劳动合同的权利。"因违约而发生的解除权,将合同解除作为违约的补救手段"[1]。此类解除权,用人单位和劳动者都在一定情况下享有,属于分享状态。任意解除权,是指法律规定的当事方无须特别事由即享有的解除劳动合同的权利,在我国此种劳动解除权归劳动者独有。

第四节 劳动合同解除权的调整机制

劳动合同解除权之行使,对于劳动关系是一种不可逆转之更改,对劳动者个人而言很多时候属于生活之重大变化事项,因此劳动关系一经建立,劳动合同解除应当是用人单位和劳动者处理相互关系不得已所采取的最后手段。劳动合同解除权的行使,应当慎之又慎,不得草率处理,应当尽量给各方补救的机会,听取各方意见,确保劳动关系的解除不会造成对劳动关系一方的不当损害。法律上对于劳动合同解除权的调整机制是多方面、多维度的。

---

[1] 韩世远:《合同法总论》(第3版),法律出版社2011年版,第507页。

一、法定限制与约定限制

对于劳动解除权的行使条件和方式,劳动法规定了不少限制和禁止性规定,具有刚性,可以称为法定限制。但是,在不违反有关规定的情况下,雇主和雇员双方之间能够商量约束互相的合同解除权。例如,雇主和雇员可以在个别劳动合同中约定服务期,在服务期内,劳动者解除劳动合同的权利就受到限制,辞职须以违约金为代价。用人单位还可以与劳动者就劳动者的劳动解除权的预告期进行专门约定。当然,约定限制应当是合理的,不得违反公序良俗,不得损害劳动者基本权利,对于劳动者合同解除权的限制,应当给予相应的经济回报或者补偿。又如,劳动者可以利用劳动集体合同,合理地约束用人单位解除劳动合同的内容。

目前我们国家对于劳动解除权的调整,更多是法定限制,但是不同行业和岗位千差万别,今后应当适度允许和鼓励用人单位通过个别或者集体劳动合同,[1]对劳动合同解除权进行个别约定,从而更好适应企业和劳动者的实际需要。[2]

二、程序约束与实体限制

劳动合同解除权的规制,既有对实体解除权的限制,也有对解除权行使

---

[1] 例如,在德国,有的集体合同排除了对某些特殊群体的工人的一般解雇,例如,在某些产业,如果工人已经工作超过 15 年,并且超过 53 岁,那么不适用任意解雇。参见 Manfred Weiss & Marlene Schmidt, *Labour Law and Industrial Relations in Germany*, The Netherlands: Wolters Kluwer, p. 135。

[2] 在英国政府网站上,"解雇:你的权利"(Dismissal: your rights)首先就明示:"如果您被解雇,您的雇主必须:向您展示合法有效的解雇理由;在合适的时间和地点向您展示。此外,雇主还必须:一视同仁——例如,解雇您的事项是其余员工可以为之的;在解雇您之前全部调查均已结束——例如,如果有针对您的投诉。如果您是兼职或临时雇员,您的权利与全职或长期雇员完全一样。"

方式和过程的程序限制。实体限制劳动合同解除权,是对劳动合同解除权的发生条件、实体内容和范围的约束,这在用人单位的劳动合同解除权方面体现得很明显。

在实体方面,劳动合同解除权的发生,要有正当理由,一般以法定或者约定的范围为限,不能随意解除;从否定的角度,将某些行为排除出正当解雇的范围。例如,基于种族或者性别歧视的劳动合同解除,基于劳动者工会会员资格或者参加工会活动的劳动合同解除,都明确认为是不合法的。[1]实体限制另外一个重要方面,是对解除对象的限制,解除权不得对某些特定的劳动者行使。例如,按照我国《劳动合同法》规定,劳动者为用人单位工作而患职业病,或者因工负伤并被确认丧失或者部分丧失劳动能力的,以及女职工在孕期、产期、哺乳期的,用人单位不得随意解除劳动合同。根据德国《社会法典》规定,对重度残疾人的解雇,需要事先得到残疾人救济署的批准,否则无效。[2] 德国法还规定,对于在企业委员会任职的劳动者,在其任职期间以及任职期满以后一年内,均不得被任意解雇。[3]

劳动合同解除权从劳动法上来讲,另外一个突出特点是程序限制。这种程序限制可以是形式上的(书面通知要求),时间上的(提前30日通知),流程上的(通知工会并听取工会的意见)等。劳动合同的解除权的行使是一个高度程序化的过程,通过将劳动合同解除权高度程序化、程式化,允许在劳动合同解除的过程中允许用人单位和劳动者有一个缓冲期,一方面冷静情绪、再三思考;另一方面也通过真诚沟通,彼此消除误会,为用人单位和劳动者的劳动关系提供了相互维持抑或修复的可能。而且,解除劳动合同的

---

[1] 在英国法上,基于工人会员资格的解雇,被认为是属于"当然不公平的"(automatic unfairness)。参见 Hugh Collins, *Justice in Dismissal: The Law of Termination of Employment*, Oxford: Clarendon Press, 1992, p.49.

[2] 参见黄卉:《德国劳动法中的解雇保护制度》,载《中外法学》2007年第1期;王倩:《德国特殊解雇保护制度及其启示》,载《德国研究》2014年第2期。

[3] 参见黄卉:《德国劳动法中的解雇保护制度》,载《中外法学》2007年第1期。

程序,赋予劳动者申诉的机会,也赋予工会了解情况和发表意见的机会,这最大限度地保障劳动者的权利,也使得劳动关系的解除能够获得各方最大限度的接受和认可,尽量避免损害劳资双方的共同体情感。劳动合同解除权需要严格依法行使,不论是实体上的违反还是程序上的缺陷,都构成违法解雇。

三、内部约束与外部审查

内部约束是指通过企业内部民主程序对劳动合同解除权行使进行的限制。用人单位行使劳动合同解除权的过程中,工会与全体职工的参与一方面使得用人单位行使解除权更加谨慎和慎重,另一方面也使得用人单位解除劳动合同的决定获得了更强的可接受性。劳动合同的内部约束更多是程序性的,它不仅赋予了被解雇的劳动者本人予以申诉和回应的权利,还让其他雇员参与劳动治理,形成公开、透明、公正的单位文化。

外部审查主要是指劳动行政部门、劳动仲裁机构以及司法机构在解决劳动争议的过程中,对涉及劳动合同解除权行使的问题进行审查和管制。用人单位作为一个自治的经济体,国家对于用人单位的经营和日常管理较少干预,但是在解雇和裁员情况下,国家保留审查和复核的权力,通过对劳动争议的解决,确保用人单位不会滥用劳动合同解除权。

四、事后审查与事先批准

通过设定和监管劳动合同的解除过程,来保证雇主和雇员在劳动合同解除过程中遵循合法的标准和程序,贯彻实事求是的准则。

事后审查机制的意思就是:当雇主和雇员就劳动合同的解除发生争议,通过劳动监察、调解、仲裁或者司法机制,解决劳动争议,同时对劳动解除的合法性等问题进行审查。企业享有经营管理权,包括人事管理权,除个别国家以外,各国一般都不需要企业在行使劳动合同解除权之前报行政机关审批。

少数情况下,法律为了公共利益的需要,设置了事先批准程序,例如,解雇残疾人需要事先获得批准。同样,用人单位进行经济性裁员也需要经过一定的审批程序。

五、法律限制与经济约束

劳动合同解除权的设定和限制,对于用人单位来说,通常可以计算为一种解约的经济成本,包括经济补偿金、赔偿金还有其他损害赔偿。[1]

对于用人单位来说,劳动合同解除权制度,既有法律规制,也有经济层面约束。这个问题从比较法的视角来看更加清晰。有学者对11个国家和地区的解雇立法进行过比较研究,发现有的国家解雇保护较为严密,但是经济补偿金和不法解雇的赔偿金的数额相对较低,这实际上在一定程度上赋予了用人单位解雇劳动者相当的灵活性。而另外一些国家,例如美国,虽然解雇保护没有那么严密,解雇制度貌似灵活,但是由于一旦非法解雇,赔偿金额非常高,因此对用人单位解雇权也构成了相当大的限制和约束。[2]

就我国目前的情况而言,劳动合同解除权的法定限制严密,同时经济补偿金和赔偿金的设定标准也不低,相关保护水平在国际上也并不低。

---

[1] 正如柯林斯教授指出的,对解雇权的规制事实上是立法者在雇主与劳动者之间的一种财富再分配机制。参见 Hugh Collins, *Justice in Dismissal: The Law of Termination of Employment*, Oxford: Clarendon Press, 1992, p.14。

[2] Samuel Estreicher & Jeffrey M. Hirsch, *Comparative Wrongful Dismissal Law: Reassessing American Exceptionalism*, North Carolina Law Review, Vol. 92 (2013 - 2014), pp.343 - 480.

第五节　劳动合同解除权的价值维度

劳动合同解除权背后有其价值维度。从单个解除权来看,解除权赋予了权利人以自由和选择权。但是从劳动合同解除权作为一个制度整体来看,有必要考察制度背后和制度之上的价值维度,从而更好地指导劳动合同解除权的制度设计与安排。

一、契约自由维度

从劳动法历史发展来看,欧洲劳动法的发展都首先是源于"工厂法"的规定,着眼于劳工安全与卫生、工资工时等制度。在很长一段时间内,劳动合同也是作为一种普通的民事合同来被对待的,雇主与雇员都享有充分的契约自由,包括订立合同的解除和解约都享有自由。雇主和雇员都享有单方解除劳动合同的自由,但是某些情况下需要给予一定时间的通知。

1858年,法国的法官提出了禁止权利滥用的学说,意图限制雇主任意解雇的权力,但这在实践中意义不大。直到1920年,德国通过了《工厂委员会法》(Works Councils Act),这是欧洲第一个试图全面规制不当解雇的法律[1]。至此,劳动合同逐步与一般民事合同相分离,逐渐发展限制解雇权的一系列相关制度,强化劳动合同的社会法色彩。或许正是在这个意义上,当欧洲的劳动法律移植到拉丁美洲诸国后,人们普遍感到这些在欧洲经济合作组织国家中行之有效的法律规范却在拉美国家中减少了劳动力市场的灵活性,降低了边际劳动者就业的可行性,并导致了更大范围内的社会不

---

[1] Bob Hepple, *Dismissal Law in Context*, European Labour Law Journal, Vol. 3 (2012), pp. 207–214.

平等。[1]

美国的情况则更具有特色,美国至今仍然采用自由解除(termination at will)的普通法原则。[2]

总之,从根本上说,劳动合同解除权的存在,是在实践和维护契约自由原则,允许劳动者和用人单位在特定情况下解除劳动合同,消灭相互间劳动权利义务关系。

二、劳动关系维度

劳动立法的目的就是保障劳动关系的安稳性,约束和以防解除权的滥用。

劳动合同确立的不仅是劳动交换的债权债务关系,更是用人单位和劳动者之间基于信任和尊重的一种长久协作关系。一般合同法上的契约交换关系,事实上并不足以充分表达劳动合同背后所包含的长期性的、协作性的、人身性的关系。劳动合同解除制度,从早先绝对的契约自由制度,慢慢发展出针对不公平解雇的保护制度,这恰恰是对劳动合同的人身属性的再发现。以劳动合同的人身属性作为立脚点,劳动合同的解除不应当完全适用契约自由原则,而是要追求劳动关系的稳定性。[3] 解雇保护制度最早在

---

[1] James Heckman & Carmen Pages, *Law and Employment*:*Lessons From Latin America and the Caribbean*, Working Paper No. 10129, NBER Working Paper Series, http://www.nber.org/papers/w10129. last see, 10 - 10 - 2017.

[2] 有学者对美国自由解除原则与其他国家的解雇保护制度进行了比较分析,认为其实美国劳动法之下提供的劳动保护程度并不低。参见 Samuel Estreicher & Jeffrey M. Nirsch, *Comparative Wrongful Dismissal Law*:*Reassessing American Exceptionalism*, North Carolina Law Review, Vol. 92 (2013 - 2014), pp. 343 - 480。

[3] 对于劳动者而言,对劳动关系往往投入了相当多的感情、时间和信任,并非是纯粹的劳动交换关系,实践中不少劳动者将工作单位视为自身身份认同的一部分,并引以为豪。我们经常听到万科人、华为人这样的表达,一方面固然体现了这些企业成功的企业文化,另外一方面也体现了劳动者对于劳动关系的深度参与和付出。

欧洲获得发展,从20世纪60年代起,劳动合同解除权不断趋于体系化和系统化。劳动合同解除权不断系统化和体系化的背后,其根本在于追求劳动关系的稳定性,避免雇主滥用劳动合同解除权。

值得指出的是,承认劳动合同解除权与追求劳动关系稳定性是不矛盾的。劳动合同解除权的制度安排,是通过有限度的承认劳动合同解除权,排除了劳动合同解除权的任意行使,追求劳动关系的安稳性。这不仅要承认劳动合同解除权,还要稳定劳动关系,旨在激励用人单位和劳动者以一种建设性的方式积极参与和谐劳动关系的建设和维护。片面强化劳动合同的约束性,机械地强调劳动关系的固化,有可能造成劳动关系僵化,引发负面激励。

三、管理秩序维度

在制约用人单位劳动合同解除权人性化的前提下,劳动立法也十分尊重和维护用人单位在生产中的管理秩序。例如,法律特别赋予了用人单位对于劳动者存在重大过错的即时解除权。当劳动者违反用人单位劳动纪律或者给用人单位造成重大损失的,用人单位享有即时的、不承担其他法律后果的解除劳动合同的权利。在此意义上,劳动法承认并授予了用人单位制定劳动场所规章制度、合理组织劳动生产,并在工作范围内对劳动者发指令的权利。

传统劳动法认为,从属性是判断一项劳动关系存在与否的重要标准,也是劳动关系的核心特征。劳动者在法律许可的范围内,他的义务就是要无条件地听从雇主的工作安排和遵从雇主制定的劳动纪律。如果雇员因为违反规定抑或重大失误,给雇主带来了巨大的损失,这时,雇主就有权去解除劳动合同,这是尊重和维护用人单位正常生产和管理秩序的需要。

当然,用人单位的此项权利也不得滥用。随着工作场所民主化的发展,以及对劳工权利的广泛确认,用人单位的管理权日益受到工厂民主的重新改造。例如,用人单位解除劳动合同应当通知工会,听取工会的意见,工会也可以提出自身的意见,劳动合同解除权制度已经日益跟工厂民主、工人基本权利保护等制度密切交织在一起。

四、权利保护维度

劳动者权利保护是劳动立法的根本。在劳动合同解除权制度安排上,也同样将重点放在了保护劳工权利。劳动合同解除权的发展历史,就是一部雇主解除权不断受到限制和约束的历史,就是一部劳动者权利不断得到承认和强化的历史。[1] 从20世纪60年代开始,解雇法逐渐成为劳动法的重要组成部分,在制度上发展出了不当解雇制度,强调雇主须得有正当理由才能解雇劳动者。同时,雇主解雇劳动者必须遵守正当程序。此外,在某些情况下,例如,工伤或者劳动者怀孕的情况,雇主不得通过解除劳动合同来逃避责任。

因此,可以毫不夸张地说,一部解雇法,就是一部微型的劳动者权利保护法。与此同时,也有必要注意到,解除权制度的运行背景是主权国家对于经济社会秩序的权力渗透和管制,既强化了劳动者权利,也通过劳工权利保护强化了国家权力。

正如美国国家经济研究局(NBER)Richard B. Freeman 和中国中山大学港澳与珠三角研究中心(Center for Studies of Hong Kong Macao and Pearl River Delta Sun Yat-sen University)Xiaoying Li 在《中国的〈劳动合同法〉对流动劳动者有何影响?》一文中所述:"中国新《劳动合同法》于2008年1月

---

[1] 有学者认为,保护工人的尊严和个人自由是不公平解雇制度的价值基础。参见 Hugh Collins, *Justice in Dismissal: The Law of Termination of Employment*, Oxford: Clarendon Press, 1992, pp. 16 – 21。

生效,要求用人单位与农民工签订书面合同,加强了对劳动者的劳动保护和对不符合劳动法规定的用人单位的处罚。本书采用《劳动合同法》实施前后珠江三角洲农民工调查数据,回顾了工人第一次依据《劳动合同法》得到了劳动合同的法律效果。证据表明,新法律增加了农民工签订书面劳动合同的比例,从而也提高了社会保险的覆盖率,降低了工资拖欠的可能性,并提高了工人在工作场所组建工会的可能性。"[1]

第六节 劳动合同解除权的制度设计

劳动合同解除权制度,从根本上说,旨在劳动者保护和经济社会发展之间动态地追求最佳均衡状态,是一种平衡的艺术。

用人单位的劳动合同解除权过于宽松,则容易损害劳动关系的稳定性,不能充分保护劳动者;而用人单位的劳动合同解除权过度限制,则可能僵化劳动关系,降低劳动力资源配置效率,损害经济活力,从长远来看,同样无益于劳动者保护。[2] 劳动者劳动合同解除权过于严格当然不合理,但是过于宽松也未必有利于劳动者的长远利益。例如,出于对员工跳槽的担忧,可能导致企业用工短期化、短视化,不愿意对劳动者技能培训等投资。因此,劳动合同解除权制度并非要片面地限制劳动合同的解除,或者是对劳动者无原则的保护,而是要在对立和矛盾中找寻和建构一种动态的平衡。

劳动合同解除权制度,需要平衡不同的原则法律和价值考量,需要兼顾不同主体的利益诉求,需要将劳动合同解除权制度置于整体劳动法体系乃

---

[1] Richard B. Freeman and Xiaoying Li, How Dose China's New Labor Contract Law Affect Floating Workers?, Working Paper No. 19254, NBER Working Paper Series, http://www.nber.org/papers/w19254. last see, 10-10-2017.

[2] 正如有学者观察到的,如果赋予劳动者对自己的职位以"所有权"(ownership),这反而会损害生产效率,并且妨碍一个社会调整其生产活动。参见 Hugh Collins, *Justice in Dismissal: The Law of Termination of Employment*, Oxford: Clarendon Press, 1992, p.11。

至整体经济社会运行的角度来加以考量。劳动合同解除权的设置需要正确认识和妥善处理以下六对矛盾关系。

一、合同神圣与情势变更

这要求劳动合同解除权要妥善处理劳动合同的稳定性与变化性的关系。劳动合同当然适用合同神圣原则。有效成立的劳动合同,对用人单位和劳动者都具有法律约束力,双方都有义务诚实信用地依照劳动合同的规定实施,不能肆意的更改劳动合同的内容或者解除劳动合约。相比其他继续性合同,劳动合同更受主客观情况变更的影响,因此,劳动合同的约束力具有相当程度的柔性和灵活性。劳动合同解除权,为劳动合同的情势变更提供了法律机制。[1]

当劳动合同双方的主客观条件的改变足以引发劳动合同关系的变化,允许用人合同和劳动者通过行使解除权来解除劳动合同,有利于资源更有效率的配置。例如,劳动关系强调信赖与协作,当雇主不按劳动合同的约定为雇员创造工作环境,也不按合同约定按时发放雇员薪酬时,雇主的行为严重损害了劳动关系的信赖基础,赋予劳动者以解除劳动合同的权利是在变化了的情势后保护劳动者所必须的。当然,合同解除权的设置也不能过于随意,否则就将损害劳动合同的稳定性,从而使劳动合同的限制性失去作用。所以,劳动合同解除权的制度设计必须对合同神圣与情势变更予以平衡。

二、自由意志与国家管制

劳动合同的解除权制度的安排,既尊重了合同当事方的意志自由,又体

---

[1] 此处的情势变更并不限于合同法上严格意义的情势变更原则,而是广泛的包括了合同履行过程中发生的各种主客观条件变化,很多时候并不一定构成合同法意义上的情势变更。

现了国家对于劳动关系的干预。一方面,民法的起点是尊重当事人意志自由和意志独立,承认民事主体的法律平等,劳动合同的签订与解除同样也适用这一原则;另一方面,国家对于劳动关系的干预,旨在矫正劳资双方实质上的不平等,对劳资关系进行再平衡,确保资方不会滥用权力,损害劳工的利益。从欧洲的劳动法发展历史来看,解雇保护与福利国家理念是紧密关联的。

劳动合同解除权制度很大程度上是为了防止和限制用人单位滥用解雇权,维护劳动关系的稳定性。尊重自由意志,合理、适度管制,建立有效、有序的劳工政策,是劳动合同解除权必须兼顾的因素。

在这个意义上,劳动合同解除权制度的安排,不过是劳动法自身目的的具体化。正如德国学者 Elert 等所述:"就德国的劳动法而言,一项显而易见的原则就是:保护在德国工作的劳动者。"[1]

三、财产权利与劳工权益

劳动合同解除权制度背后,是资方财产权和劳工权益的冲突和调和问题。财产权观念强调所有权人对财产有支配权。劳动者和劳动合约是生产体系的要素之一,劳动者应当服从劳动安排。从财产权观念出发,资方对劳动合同享有缔约权和解约权。而对资方劳动合同解除权的设定,是对财产权的限制和改造。[2]财产权观念日益从所有权绝对走向合理使用,从个体主义走向合作主义。[3]

另外,劳动者的劳动权和基本劳工权益,也在深刻塑造着劳动关系。劳

---

[1] Elert Nicole & Christopher T. Brooks, *German Employment Law*, De Gruyter, 2014. P.6.
[2] 当代管理学理论中对于企业性质的重新讨论,日益认识到企业并非只是股东(Shareholder)的私有财产,劳动者等利益攸关方(Stakeholder)同样也是企业的重要组成部分。
[3] 参见熊丙万:《私法的基础:从个人主义走向合作主义》,载《中国法学》2014 年第 3 期。

动关系的运行也日益受到人权、公民权、劳工权利的影响。劳动合同解除权制度安排,只有在充分尊重劳动者权利的基础上,才能获得正当性和合法性。劳动合同解除权的运行,应当致力于促进财产权和劳工权益的妥协和密合,良性互动,通力合作。

四、整体协调与局部保障

劳动合同解除权的设计,要充分考虑劳动合同解除制度与其他劳动法制度之间的互动关系。

劳动合同解除制度的运行,是和其他劳动法制度,如工会制度、职工代表大会制度、集体谈判制度、劳动安全与卫生制度、基本劳工权利保护、劳动争议解决制度等是密切关联的。第一种关系是关联和强化关系,例如,工会制度的发达程度直接影响劳动合同解除制度的难易程度。在一些拉美国家,由于工会制度的高度发达,劳动合同的解除在实践中非常困难。第二种关系是竞争和替代关系,例如,北欧国家集体谈判制度高度发达,对于个别劳动合同的解除条件不少是通过集体劳动合同来加以限制的。

我国劳动立法对劳动合同解除权予以较为详尽的规定,这与我国工会制度不够、工厂民主不够充分、集体谈判制度流于纸面是有直接关系的,一定意义上与我国实行成文法而非判例法也有关联。

五、劳动法制与社会发展

劳动法的制定和实施,不能脱离一个国家的经济社会条件以及文化历史传统。劳动关系的运行对于经济社会条件极为敏感,脱离经济社会条件去追求劳动关系的稳定性,是不现实,也是不可持续的。

从劳动法发展历史来看,解雇保护在20世纪五六十年代的欧洲国家得到推广,此时欧洲社会普遍处于经济高速成长期。正是经济的高速发展,企业盈利状况良好,为国家积极干预劳动关系、强化劳动者保护创造了经济社会条件。相反,1973年欧佩克国家限产石油,在西方国家引发了石油危机,欧洲国家随即开始调整劳工政策,在解雇方面放松管制、强调劳资合作,这一政策一直持续到80年代末期。[1]

从我国的经验来看,我国的2007年《劳动合同法》,也是在我国国民经济长期处于高速增长的背景之下出台的。近年来我国经济进入新常态,企业盈利能力有限甚至经营困难,社会上出现了不少呼吁放松劳动管制的声音,这也并不奇怪。

劳动合同解除权的制度设计,需要与一个国家的经济社会条件以及文化历史传统相适应。从法律经济学的角度来看,劳动合同解除权的配置是在用人单位和劳动者之间分配产权的问题;因此,劳动解除权的宽严程度,直接影响企业用工成本的高低。劳动合同解除权的合理设置,应当致力于在体面就业和充分就业之间、在保证劳动者获得最大收益和经济社会发展最有活力之间追求一个动态的平衡。这种平衡点是动态的,随着经济社会条件的变化,在一个合理的区间内有所变动,是健康的、正常的,劳动合同解除权的制度设计应当为这种动态的调整保留适当的弹性和空间。

六、主权管制与经济全球化

传统上,劳动保护是主权范围内的事项,主权国家通过本国劳动法来调整其国内发生的劳动关系。但是,正如有的学者指出的那样,国内劳动法背后隐含的运行架构是主权国家观念,"主权无须出场却无时无处不在"[2]。

---

[1] Bob Hepple, *Dismissal Law in Context*, European Labour Law Journal, Vol. 3 (2012) 207-214, pp. 208-210.
[2] 陈一峰:《跨国劳动法的兴起:概念、方法与展望》,载《中外法学》2016年第5期。

在劳动合同解除问题上,各国劳动立法均有所限制,但是规定各不相同。随着经济全球化的发展,全球资本的流动,跨国公司在全球范围内布局生产,一个重要的考量因素是发展中国家劳动力价格相对便宜;另一个重要因素是以互联网为载体的"新经济"的出现并迅猛发展,使得传统意义上的雇佣关系、工作场所和劳动行为都发生了新的变化。[1] "IT 和互联网的发展一直被誉为在美国创造了新经济。数字技术允许劳动生产率以比过去更快的速度增长,通货膨胀可忽略不计。在欧盟,失业率创下新低,劳动力市场更加灵活地加快了调整和适应的脚步"[2]。由此带来的一个直接问题是,劳动合同在形式上是由注册在东道国的子公司与劳动者签订的,但是对于裁员或者生产转移的决定,往往是由位于伦敦或者纽约的公司总部作出。这使得传统劳动法上的工会制约机制、劳动者参与机制等完全不能发生实效。例如,在 2012 年,美国摩托罗拉总部决定在全球公司范围内裁掉 4000 名员工,被裁的员工中,有 2/3 是工作在美国以外地区的。海外子公司只有落实总公司裁员决定的权力,东道国的劳动法几乎不可能改变来自发达国家总部的裁员决定。[3]

发展中国家的劳动合同解除制度的安排,在面临跨国公司生产调整或

---

[1] "'新经济'对许多人来说意味着许多意义,尽管大家都在很大程度上强调信息技术和信息部门对经济的作用。实际上,这里有一整套范围广泛的经济模式,而且是完全与过去不同的经济模式。因此,对于一些投资者而言,'新经济'意味着(或者曾经意味着)一个全新的世界。在这里,股票市场的估值不依赖于通常的收益和其他基本面,尤其是信息技术公司的财务业绩(在最近在纳斯达克急剧下降之前)。对联邦储备委员会主席格林斯潘(Alan Greenspan)来说,它显然是指信息技术驱动下的生产率增长,允许(或者曾经允许过)经济快速增长而不会引发通货膨胀。替代宏观经济的观点是,信息技术减少了由库存波动驱动的业务周期。对于商人来说,这可能意味着一个新的世界,比机械化和产业化更加奖励创新和更加奖励创新概念,以及越来越迅速增长的全球化市场。"参见 David Neumark & Deborah Reed, Employment Relationships in the New Economy, Working Paper No. 8910, NBER Working Paper Series, http://www.nber.org/papers/w8910. last see, 8 - 10 - 2017。

[2] Richard B. Freeman, The Labour Market in the New information Economy, Working Paper No. 9254, NBER Working Paper Series, http://www.nber.org/papers/w8910. last see, 8 - 3 - 2017。

[3] 参见王珏玢、朱国亮:《摩托罗拉南京裁员陷僵局"攻防战"敲响维权警钟》,载新华网。

者转移方面,往往缺乏实际约束力。[1] 另外,争取和吸引外资的全球博弈,迫使不少发展中国家在劳工保护方面采取非管制的态度。因此,发展中国家的劳动合同解除权制度建设,有必要直面全球化条件下进行劳工保护的重大挑战,应推动国际社会一起努力,适时制定国际条约,将跨国公司也纳入规制,为发展中国家的劳动者提供更充分的保护。

---

[1] 通常认为"新经济"形态下的工作不太可能与传统的雇佣关系相吻合,而更有可能归结为"替代"或者"临时"工作。当我们观察在高科技行业就业的新经济工作时,却没有更多地考虑代替的或者临时的雇佣关系。然而,当我们对在高新技术城市居住的新经济工人进行分类时,替代或者临时劳动关系更为常见,即便是在就业快速增长的这些城市中。同时,将"新经济"明确地定义为增长最快的行业是对非典型雇佣关系最明显的让步,因为增长最快行业的工人更有可能是替代的或者临时的雇佣关系,其中增长最快的建筑和个性化服务业的雇佣关系"本质上"就具有替代性和临时性。尽管有许多准入条件,但综合证据仍然为这种假设提供了强有力的支撑,即新经济更有可能需要在替代或者临时的雇佣关系得到实质和持续的增长。参见 David Neumark & Deborah Reed, Employment Relationships in the New Economy, Working Paper No. 8910, NBER Working Paper Series, http://www.nber.org/papers/w8910. last see, 11-10-2017。

第二章 用人单位劳动合同解除权
（雇主解雇权）的缘起与变迁

劳动法缘于"工厂法"，是工业革命的产物。一直到近代，劳动合同解除权都是雇主的一项专属权利。对劳动合同解除权的规制和调整，是随着劳动法的发展，逐渐纳入劳动法体系的。

第一节 用人单位解除劳动合同权的缘起

一、工业生产的协作性与劳动纪律

劳动法上的劳动也即工业生产中的劳动，是一种典型的集约化的协作型劳动。协作型劳动有简单协作和复杂协作之分。简单协作中，劳动者只是一起协力完成某项工作，这种协作建立的是一种基本的劳动组织。复杂协作则是建立在细致分工基础上的协同劳动，它不是由一个人独立完成某种产品的生产，而是把制造产品的各种操作分解并分别交给若干人，每个人只负责一种操作，全部操作由若干协作者同时进行，成果则是这个以分工为基础的联合体的共同产品。

工业生产中的协作能够提高生产力。正如马克思所说,多种因素构成了生产力,社会组合方式是生产过程中的一个不可缺少的因素。资本主义生产力发展的一个特别过程,就是马克思在《资本论》中所说的:工厂通过工人之间的相互熟练协作,提高了生产力,产生了剩余价值。在这样一个劳动过程中,众多单个劳动者的结合和协作形成一种集体力,这种集体力大于单个劳动者力量的总和,从而扩大了劳动者工作的活动范围,缩短达到一定结果所需要的劳动时间,产生单一个人劳动不能产生的巨大力量,大大地提高劳动生产率。[1]

辩证唯物主义告诉我们,事情都有其两面性。在劳动生产率极大提高的同时,工业劳动对于劳动者的要求也极大地提高了。即便是在日常劳动中,也要保持工业场所的正常秩序和良好环境,工人要严格按照设计图纸和工艺规程进行生产,用完的工具要放回原处,生产过程中的加工件和半成品要摆放整齐,生产活动中产生的废料垃圾要及时清理,机器设备和工具要揩擦干净,要加强生产作业计划工作,各工作地之间、各作业点与其他生产环节之间都必须保持衔接与配合。

工业生产对工人的要求远非农业生产中对农民的要求所能比拟。工人们所从事的工业劳动面临着种种不同的环境条件,如冶炼作业的高温、纺织车间的高湿、深水作业的高压等都直接或间接影响工人的作业,这些轻则降低工作效率,重则影响整个系统的运行和危害人的健康。于是,就产生了近似严苛的劳动纪律。"在所有这些企业中,每个工人的技术要求都要严格遵守绝对要求,每个工人对自己工作的那一部分负责是要非常准确的,否则会

---

[1] 18世纪末,英国在高度发达的工场手工业中实现了生产过程中精细的劳动分工,每一件成品的生产过程都被分解,由许多细小的单一操作工序组成。如每织1尺布,平均需要14道工序;生产1枚小小的胸针,需要经过18道工序的操作。分工与协作成为工业生产的不二法门。参见王斯德主编、李宏图等:《世界通史(第二编)工业文明的兴盛:16—19世纪的世界史》,华东师范大学出版社2001年版,第97页。

对整个企业暂停或者对机器和产品造成损害的风险"[1]。劳动纪律就是在劳动过程中,所有劳动者务必遵守用人单位所制定的行为准则或者其他规章制度,是组织集体生产劳动不可缺少的条件,是用人单位要求每个劳动者按时、保质、按量完成生产任务的重要保证。因此,工业劳动中执行劳动纪律和劳动者遵守劳动纪律既是工业生产也是劳动者劳动中的一项重要条件。[2] 正如列宁所指出的:"任何一个系统内工作都需要一种制度。……没有这种制度,就不能要求每个人都服从这个制度,也不能要求每个人在一起共同工作。"[3]

二、劳动纪律与解雇惩戒

劳动纪律反映的是共同劳动过程中人与人之间的关系。劳动纪律是由雇主来制定的,因为雇主在劳动过程中占有统治地位。雇主制定了职场纪律和工厂制度,具体来讲,包括细致工作的制定、听从管理、工服要求、设备使用的禁区、入厂离厂规则、休息时间内的活动规则、维护企业信誉、兼职规则、保守企业秘密等。

在资本主义早期,劳动纪律是雇主强迫劳动者为其创造物质财富的手段,具有强制的性质和特征。正如列宁所指出的:"资本主义的社会劳动组织的维持取决于饥饿的纪律,在共和国的民主最先进的文明国度中,虽然资产阶级文化和资产阶级民主已经取得了很大的进步,但大多数的劳动人民仍然被一少部分的资本家进行掠夺和侮辱,因为这些劳动者仍然是一个个愚昧无知的雇佣奴隶或被压迫的农民。"[4] 劳动者一旦违反这些规则,一般

---

[1]《列宁全集》(第4卷),人民出版社1995年版,第9页。
[2] 参见宋光辉、刘淼清:《劳动经济学》,中国经济出版社1993年版。
[3]《列宁全集》(第2卷),人民出版社1995年版,第14页。
[4]《列宁全集》(第4卷),人民出版社1995年版,第9页。

就会成为惩戒处分的对象。[1]

在这种状态下,一方面,引起劳动者的强烈反抗;另一方面,也是常态化的,使雇主对不能满足其生产需要的劳动者,在生产活动中劳动行为具有主观过错或者客观不能,甚至完全无过错无责任的劳动者(因雇主的生产经营需要)进行解雇便成为必然。由此,也就产生和形成了解雇制度,或者说劳动合同解除制度。在这个意义上,可以说,解雇或者由雇主解除劳动合同是对劳动者最严厉、最极端也最难以承受的惩戒。

在社会主义制度下,劳动纪律的性质发生了根本的变化,如列宁所说,社会劳动组织依赖于劳动人民群众的自发纪律,我们的社会越是前进,就越依赖于这种纪律。[2] 但是,劳动纪律依然是社会主义国家进行社会化生产所必须的。社会主义劳动纪律是指组织安排、技术要求、休息纪律等。在组织纪律方面,要求每个劳动者都要服从命令听指挥,坚守劳动岗位,爱护公用财产,保守生产机密等。在生产技术方面,劳动者也应当严格遵守生产技术管理方面的各项规章制度,如岗位责任制、技术操作规程、交接班制度、安全技术规程、技术检查制度等。在工作时间纪律上,要求劳动者遵守考勤制度,切实做到不迟到、不早退,不旷工,提高出勤率等。这些劳动纪律,是社会主义物质文明建设的必要条件,也同时使社会经济持续增长。

只有我国劳动者严格遵守劳动纪律,才能不断提高劳动出勤率和工时利用率,增加产品数量,保证产品质量,减少生产事故,提高劳动生产率。为

---

[1] 英国伦敦政治经济学院英国法教授 Hugh Collins 在其颇具影响的《雇佣法》第 8 章 "纪律与解雇" 中写道:"如果被解雇的雇员因违反合同明确约定的条款需要通过赔偿损失来补救,赔偿的尺度就成为重要问题。这里的赔偿金总是受到两项原则的严格限制。第一项限制是,依据普通法被解雇的工人有责任减轻损失。因此,尽可能地通过雇佣他人来取而代之就成了必须采取的合理方式。第二项限制是,法院推定雇主总是选择尽量减轻责任,即便解雇是违反合同约定的。如果雇主有权合法地终止合同,则推定雇主有了履行该项职责的权力,该项权力也因此限定在双方的雇佣合同之内。" 参见 Hugh Collins, *Employment Law*, 2ed, Oxford University Press, 2010, p. 169.
[2] 参见《列宁全集》(第 4 卷),人民出版社 1995 年版,第 9 页。

此,在坚持思想教育的同时,也必须辅之以必要的奖惩制度。对于违犯纪律的职工,要进行严肃的批评和教育;对于少数玩忽职守、严重违犯劳动纪律的,同样可以解除劳动合同;对于个别严重违犯劳动纪律、引发重大伤亡事故,或者使国家和人民财产蒙受重大损失的劳动者,甚至可以追究刑事责任,这同样会导致劳动合同的解除。我国的用人单位也会因为客观原因和经营需要解除劳动合同。

第二节 用人单位解除劳动合同权的变迁

用人单位解除劳动合同(雇主解雇权)表面上是用人单位或者说雇主单方面的权利,这也的确是工业社会早期的正常现象。这里面既是资本强势的力量使然,也是法律发展的过程使然。

一、雇主解雇权的自由行使

早期劳动合同的解除权行使有很高的自由度。劳动合同被认为是个人之间的一种契约,[1]如同民事合同一样,双方都可以自由决定合同的解除等事宜。由于劳动者通常都不会寻求劳动合同解除权,尤其不会经常性使用这样权利,因此,早期的劳动合同解除自由可以等同于雇主解雇自由。早期的劳动关系,有两个重要属性:一方面,劳动关系基本上是纯粹民法上的财产和交换关系,因此,劳动者和雇主之间的关系主要通过劳动合同来确定;[2]另一方面,劳动关系在早期发展过程中,更多是借用了普通法上主人

---

[1] 早期普通法抱有此种理念,长期对劳动关系采取不干预政策,赋予雇主以规训和解雇工人的权利。参见 Hugh Collins, *Justice in Dismissal: The Law of Termination of Employment*, Oxford: Clarendon Press, 1992, pp. 32-33.

[2] 参见黄程贯:《劳动法中关于劳动关系之本质的理论》,载《政大法学评论》1998年第59期。

和仆人之间的法律关系,因此强化了雇主的权力和支配地位。正因此,雇主可以依自己的自由意志,随时解除劳动合同、随时终止劳动关系。这样的制度在学说上为解雇自由说。解雇自由说认为"雇主为了保障企业运行正常,必须考虑到和计算运营成本,这也是企业能正常生存的基本保障,劳动合同的制定和实施应该有很大的自由度,不受其他外力干扰"[1]。

威尔汉曾经系统地阐述过支撑雇主自由解雇权的理论依据[2]。第一,雇主的解雇自由权,来源于雇主所有权,因此应该允许雇主在任何时候雇佣或解雇他们想要雇佣或解雇的任何人。第二,雇主的解除权受到民事主体平等理论的支持,雇主可以随时解雇,工人也可以随时辞职,这种制度平等地保护工人和雇主的权利。第三,雇主的解除权属于劳动合同的暗含条款,在签订合同的时候,除非特别规定,否则工人就视为默示接受了被随时解雇的义务。第四,从经济效率的角度来看,国家过分地干预劳动关系,扩张对工人的保护,"可能会威胁到企业组织的效率和生产力"。

工业革命的劳动合约及其法律起源于英国,自由解雇也起源于英国。随后,对其他资本主义国家产生重大的影响或者直接成为其示范区。法国的自由解雇确立在法国《民法典》的自由法律原则下,甚至在1973年前,法国的劳动合同解除都完全遵循民法的传统。因此,任何雇主都可以随意地解雇其雇员,都无需说明理由[3]。

美国早期的劳动法不过是对英国劳动法的搬运。所以,与英国早期一样,在没有法律或合同的情况下,雇主有权利在任何时候雇佣、提升、降级处理、开除任何人。雇主可以"无论出于任何原因,或出于任何理由,甚至出于道义上的原因,不必因此为法律上的不正当而感到内疚地随意开除他们的

---

[1] 黄越钦:《劳动法新论》,中国政法大学出版社2003年版,第156页。
[2] 参见[美]帕特利霞·H.威尔汉等:《就业和员工权利》,杨恒达译,北京大学出版社2005年版,第68页。
[3] 参见郑爱青:《法国劳动合同法概要》,光明日报出版社2010年版,第127页。

员工"。[1]

二、雇主解雇权的限制行使

随着社会的发展和法律的进步,自由解雇制度遭遇了挑战和质疑。自由解雇制度本身并不等于任意解雇,从英国普通法的实践来看,它也禁止权利滥用,雇主在非法解雇(wrongful dismissal)的情况下需要承担责任。但是真正对解雇自由进行限制的,是"正当事由说"。该学说以"生存权"为基础理论,以"劳动权"为导向,对自由解雇制度进行了修正。"正当事由说对民事法上基本契约自由原则作了根本修正,由于对生存权劳动权的确认,因此扬弃解雇自由原则,而以正当事由作为解雇权内在的制约,必须法有明文,始得行使解雇权,违法解雇则无效"。[2] 换言之,在正当事由说之下,雇主的解雇权受到了根本性限制,自由解雇原则被根本抛弃,取而代之的是非有正当事由及必要情况,雇主的解雇行为推定为非法,雇主需要为解雇行为的合法性提供证明。目前,正当事由说已经成为我国劳动法学中的通说,也是世界上绝大多数国家现行劳动立法采纳的立法原则。[3]

在法国,解雇自由受到约束是与就业稳定和保护工人的社会立法出台并行的。从20世纪初期,开始对雇主解雇权利进行限制。在20世纪上半

---

[1] [美]帕特利霞·H.威尔汉等:《就业和员工权利》,杨恒达译,北京大学出版社2005年版,第55页。

[2] 黄越钦:《劳动法新论》,中国政法大学出版社2003年版,第157页。

[3] 在英国,雇员的劳动能力并不简单地归结为雇员的单方责任,由此引发的解雇也受到严格限制。Hugh Collins 就指出,雇员从工作中获得的劳动技能,包括技术知识、管理经验、职业人脉和业务知识的提升,既使劳动者能够在劳动力市场上获得较高的工资,提高劳动者的就业能力,甚至为劳动者自主创业提供了可能,但雇主也可以从投资人力资本中获益,因为提高劳动力的技能有助于生产效率的提升,增加操作技能的灵活性和创新性。尤其是在知识经济部门,工作价值几乎完全取决于员工的技能、经验和知识,这些人力资本投入所产生的雇主利益就会增加。因此,雇员的劳动能力不能成为解雇的直接理由。参见 Hugh Collins, *Employment Law*, 2ed, Oxford University Press, 2010, p.111。

期,限制雇主解雇权取得了共识。相关的理由认为:第一,雇员被雇佣后,享有法律和集体合同规定的雇员职业地位,雇主对其解雇不再是自由的了。"任何一方滥用解除权利都要向对方承担赔偿损失的责任"。根据前述理由,这一规定实际上是针对雇主的。法律还同时规定:判决应当明确载明提出解除一方援引的解除理由。"这实际上已经改变了民法自由原则的统治局面,确立了解雇不得滥用权力、解雇要说明理由新制度"。第二,对雇员的辞职行为和雇主的解雇行为进行区分,因为辞职不会给雇主造成重大影响,而解雇对雇员和社会都会造成重大影响,雇主应当在社会法语境下,从就业政策层面进行考量。第三,对于因为个人原因的解雇和因为经营状态解雇分别进行司法监督和行政监督。从1973年开始,法律要求对因为个人原因的解雇提出了规范化的指导,即对解雇的要素进行了实质性、程序性的制定。与此同时,雇主辞退的权利不再是无故就可以行使,而是要有行使正当权利的必要理由,并且是有一个实际和严重的理由,否则雇主的行为就构成"不正当解雇"。[1]

1935年,伴随着罗斯福"新政",美国国会和州立法机关颁布了一系列社会立法,全面制订对解雇自由的限制性条款。1935年《全国劳动关系法案》给予员工在谈判中主张权利的可能性,即,法律明确阻止雇员因为参加工会活动而被解雇,用以保护雇员在集体谈判中讨价还价,进而限制雇主解雇雇员的权利,使得雇主没有"正当理由"便不能开除员工。[2] 受《全国劳动关系法案》影响,多个州的此类立法随后出台。20世纪60年代,随着民权立法而出现了对雇主解雇权的进一步限制,即禁止因种族、性别、肤色、宗教、原

---

[1] 参见郑爱青:《法国劳动合同法概要》,光明日报出版社2010年版,第127—129页。
[2] 1973年,在"弗兰普顿诉中部印第安纳煤气公司案"中,印第安纳最高法庭承认一种根据"不正当解雇"的情况而提出的除外条件。在那个案例中,法庭认为一个女人不可以因为提出工作人员工资要求而被解雇:"如果雇主被允许因为员工提出工作人员工资要求而加以惩罚,那么一项十分重要的公共政策就将遭到破坏。……而雇主就顺理成章的推脱了自己的义务。……因为法案包含这样一种基本的……政策,要求雇主得严格遵守。"[美]帕特利霞·H.威尔汉等:《就业和员工权利》,杨恒达译,北京大学出版社2005年版,第60页。

国籍、年龄或残疾而解雇劳动者。这些立法中,包括《民权法案》《美国残疾人法案》《家庭与医疗假法案》《就业年龄歧视法案》《妊娠歧视法案》《员工退休收入保障法案》和《受诈骗犯影响和腐蚀的组织法案》等。[1]

有一些州,在正常经济条件下没有充足理由是不能解雇一个长期员工的,甚至在默认合同只是口头合同的情况下,也可以被视为是违背合同。例如,在加利福尼亚,大多数默认合同案的裁决都有利于员工。准合同也被用于司法区域,作为阻止额外被确定的雇主滥用权力的手段。1972年,美国最高法庭审理"佩里诉辛德曼案",就以《员工手册》做出了有利于一个大专教授的裁决,支持了该教授的诉求。法庭指出:"奥德萨学院没有教师终身职位制。学院当局希望教师们感到,只要他们的教学是令人满意的,只要他们对同事和上司显示出一种合作态度,只要他们在自己的工作中很快乐,他们就有了永久的终身职位。"以此为由,法院支持该大专教授以《员工手册》为据,获得继续聘用。[2]

鼓励举报可以看作是另外一种对雇主解雇权的限制。20世纪70年代和80年代,许多州开始制订关于举报的法令,通过给员工提供补救的方法,让他们举报或者威胁要举报雇主的非法或不道德行为,从而阻止雇主滥用权力。司法机关认为,雇主不得以员工举报了不道德的、非法的、破坏性的行为而被解雇。例如,在"皮尔斯诉奥赛制药公司案"中,法庭恢复了一个被一家公司解雇的医生的原职,他被解雇的原因是他拒绝寻求批准来对某一种药进行人体测试。法庭认为,安全问题显然同公共福利的利益有关,员工不应当因为拒绝危害公共安全而被开除。

哈佛大学法学院教授、美国国家经济研究局(NBER)研究员 Christine

---

[1] 参见[美]帕特利霞·H.威尔汉等:《就业和员工权利》,杨恒达译,北京大学出版社2005年版,第61页。

[2] 参见[美]帕特利霞·H.威尔汉等:《就业和员工权利》,杨恒达译,北京大学出版社2005年版,第62—63页。

Jolls 在新近的《劳动法实施中公益法律组织的作用与功能》一文中也描述了有关的情形:"今天的美国法律制度为雇员提供了大量的实质性保护。虽然这个国家的大多数工人还没有享受到许多欧洲国家雇员普遍享有的无正当理由不得解雇的权利。这样的权利在美国的一个州,即蒙大拿州已经有了——雇员受益于对雇主任意或不当行为的特别禁令,包括禁止歧视(基于种族、性别、宗教、国籍、年龄或残疾)以及侵害雇员其他人身权利的行为。雇主对雇员也有特定的义务,包括提供安全工作场所的义务和(间接地,依据经验评估产生的额外的保险费)为失业人员提供失业救济金的义务。"进而,他也客观地承认"然而,'书上的'法律与'现实的'之间存在着显著而重要的差别,正如法律现实主义运动很久以前就已揭示的"[1]。

第三节　解雇保护法对用人单位劳动合同解除权的限制

一、德国的《解雇保护法》

德国的《解雇保护法》是一部具有代表性的立法,比较全面地规定了解雇保护的诸多事项[2]。

(一) 一般解雇保护

所谓"一般性解雇保护"应当理解为普遍性的,不需要其他附加条件的,

---

[1] Christine Jolls,"The Role and Fnuctoning of Public-Interest Legal Organizatios in the Enforcement of the Employment Laws", Working Paper 10708, NBER Working Paper Series, http://www.nber.org/papers/w8910. last see, 11-10-2017.

[2] 本书所用文本主要参照原劳动部和德国技术合作公司编:《中德劳动立法合作项目成果概览 1993—1996》,第29—34页中译本《联邦德国解雇保护法》(1969年8月25日公布,1989年12月18日进行最近一次修改)。

直接为雇员提供解雇保护的法律规则。

"无正当理由解雇"适用于在同一企业或合资企业连续工作6个月以上的员工,用人单位无正当理由解雇所订立劳动合同的行为是无效的。在立法上,"无正当理由"是指既不属于雇员自身或个人行为原因的,也不是企业迫切需要解雇的借口。此外,在私法企业中,违反企业组织法第95条原则的解雇人员和雇员中可在同一企业内或同一联合企业内的其他企业的另一岗位被继续雇佣,且企业委员会或其他——根据企业组织法设立的雇员代表组织出于上述原因对此解雇提出了书面反对意见的也属于"无正当理由解雇"。在公法企业和公法管理机构中,违反被解雇人员选用原则的解雇和雇员可以在同一机构的其他工作岗位或同一管理部门的同地点的其他机构继续被雇佣,并且主管人事代表组织出于上述原因之一已在适当期限内对此解雇提出了反对意见的解雇发生"无正当理由解雇"。还有一种情形,即,如雇员因为雇主急迫原因而被解雇,雇主在选用被解雇人员时没有或没有充分考虑到相关的社会因素,则这种解雇也属于"无正当理由解雇"。

(二)更改性解雇保护

所谓"更改性解雇保护"表述为更改劳动合同条款,但是还会接着聘用原先的劳动者。虽然雇主已经完成和雇员的劳动合同解约,但愿意在变更原合同的条件下继续雇佣该雇员,该雇员可在认可相关条件的更改具有正当理由的前提下接受雇主的提议,继续保持双方的劳动关系。

(三)解雇之异议与救济

雇员认为解雇不合理的,可以在解雇后一周内向企业委员会提出不同意见。企业委员会认为所提意见合理的,应当与用人单位协商。企业委员会根据雇员和用人单位的要求,也可以向他们出具书面意见。

此外,如果雇员认为解雇是不合理的,他也可以在解雇后3个星期内到劳动法院提起诉讼,要求法院确认解雇无效。劳动者也可以请求劳动法院确认劳动条件的变更不合理。至于对企业员工委员会提出的异议,应附在递交劳动法院的诉状中。劳动者被辞退的,必须取得政府机关的同意,向所在地劳动法院提起诉讼的期限是自政府机关宣布决定之日起计算的。在诉讼时效期间,如果该雇员没有"无正当理由"被解雇向劳动法院提出上诉,该雇员被解雇的行为视为自雇主解雇之日起生效;相反,如果劳动法院确认雇主提出更改的条件"不具正当理由",该更改性解雇从开始起即为无效。

(四)解雇之一次性补偿

如果劳动法院确认某一解雇不具有正当理由,或者说解雇劳动者的原因是不足以解除他们之间劳动关系的,而劳动者也不愿意继续保持与用人单位劳动关系的,根据劳动者的要求,劳动法院也能够判定劳动者与雇主双方之间的劳动合同解除,还会判决用人单位向雇员赔付一笔合适的经济补偿。同样,根据雇主的申请,如果他与雇员今后的合作不再有益于企业,法院也可作出同样判决。

(五)继续履行劳动合同的相关补偿

如果劳动法院判决双方的劳动关系继续存在,下列款项应计入雇员被解雇期间雇主应补偿的劳动报酬之中:(1)雇员在其他地方劳动所得报酬;(2)雇员没有有意拒绝其他的适当工作而得到的经济报酬;(3)雇员在此期间由于失业的原因而从有关机构领取的失业救济金或社会救济金。雇主应该按照上面这些款项的来源、数量返还到相应的机构。

如果劳动法院判定双方继续存在劳动关系,但员工在此该段时间内与其他用人单位建立了新的劳动关系,员工可以在判决结果出来后的一星期内申明,不同意保持与前雇主的劳动关系,劳动关系的解除从该声明原件送达开始生效。如果员工采取解除劳动关系的行为,他还可以从雇主那里接收到从被解雇之日到新的劳动关系建立起之日间的酬金。

(六) 解雇保护中的禁止解雇

禁止解雇是指：(1) 职工代表组织，青年及学徒工或青年代表禁止被解雇，上述劳动者禁止在从其职务接触后的法定时段里被解雇；(2) 企委会、青年和学徒工，海运企委会的人员；(3) 选举委员会成员自任命之日起，应从已进入的候选人名单中删除，不得在选举结果公布前被免职。

(七) 雇主的解雇报告义务

雇主在下列情况下应报告劳动局：(1) 30 个日历天期间在人数通常在 20 至 60 人之间的企业内，解雇 5 名雇员；(2) 30 个日历天期间在人数通常在 60 至 500 人之间的企业内，解雇 10% 的常雇雇员或 25 名以上雇员；(3) 30 个日历天期间在人数通常在 500 以上的企业内解雇 30 名以上的雇员。报告书应说明雇主姓名，企业的地址和性质，常雇雇员的人数，将被解雇的雇员人数，解雇的理由及解雇的日期。另外在征得企业委员会的同意下，报告书也应说明将被解雇的雇员的性别、年龄、职业和国籍，以便以后的职业介绍。

雇主应当及时把被解雇的理由书面通知企业委员会，还包括解雇员工的数量、一般总数、被解雇的日期和其他相关问题。雇主和企业委员会应进行协商，尽量避免解雇，限制解雇数量，减轻解雇后果。同时雇主须将一份给企业委员会的书面通知的副本送呈地方劳动局。

二、其他国家的解雇保护法

(一) 意大利的解雇保护法

1966 年 7 月 15 日，意大利颁布的第 604 号法案第一次对"不公平解雇"

作出了立法上的保护性规定,对雇主解雇权进行了限制。

法律规定,雇主不得因雇员结婚解雇雇员,即因结婚造成的解雇无效,任何把结婚作为劳动合同终止原因的协议皆无效(在实践中非常盛行)。并且,在雇员公开发布婚讯和婚后的一年内,雇主的解雇也被推定为违法。即便是女雇员在该期间辞职,也被推定为违法,除非该女雇员亲自在劳动场所的同事们面前确认。

在雇主行使解雇权的形式上,法律要求雇主必须用书面形式把解雇的情况告知被解雇的雇员,还要对解雇的原因作出详细解释。并且,雇主一旦采纳了某种原因,就不得再以其他不同的原因来对该项解雇进行辩护。

在雇主行使解雇权的实质性的限制上,法律规定雇主解除其与雇员的无固定期限劳动合同,只有在具有合理诉因(见《意大利民法典》第2119条的解释)和"正当原因"时才能合法。"正当原因"包括"严重违背雇员的合同义务"(称为"主观原因")或者"有关生产活动、工作组织和其日常功能运行方面的原因"(称为"客观原因")。基于工会歧视、宗教或政治原因的解雇是无效的。正当原因一般有:无理由旷工4日以上,不听从领导指挥,由于自身原因给雇主带来损失,干私活,未经允许使用雇主的物资,暂时停职后又违反纪律等规定。一般来讲,雇主不干涉雇员的私生活,但是有些私生活的行为已经严重影响到工作或者雇主的人品素质,例如,银行雇员的盗窃行为。

对非正当解雇的救济。雇员认为自己遭受非正当解雇的可在60天内以书面形式对解雇提出异议,既可以诉诸调解并进行非正式的仲裁也可以求助于行政官。如果裁决解雇缺少合理诉因或正当原因,雇主承担举证责任,雇主应在3天以内恢复雇员的原职,或者支付特殊的补偿金。遭受非法解雇的雇员有权获得自解雇当日至恢复原职期间的损害赔偿金(该赔偿金根据全球工资标准确定)和同期间的应缴纳的社会保险金。通过判决使解雇无效,劳动关系重新得到确立,雇员在解雇之前的工龄得到了维持。如果被解雇的雇员能够证明其在解雇期间遭受的损失超过了工资的损失,雇员应得的补偿可以提高。[1]

(二) 英国的解雇保护法

英国的解雇保护法包括"非法解雇"(wrongful dismissal)的救济和保障每个雇员不被"不公正解雇"(unfair dismissal)的实施。

"非法解雇"是指雇主没有取得普通法上的简易解雇权,也未能按照法律规定做出提前通知时,雇员可在郡法院或高等法院请求赔偿,过失解雇的索赔额度通常相当于该雇员因未得到必要的提前通知而损失的报酬。

"不公正解雇"强调每个雇员都有不被其雇主不公正解雇的权利。法律要求:第一,必须证明某雇员被"解雇"了。这意味着:(1)雇主终止了合同;(2)固定期限合同到期了且无续约;或(3)"推定解雇"。一旦上述要件得到证明,那么雇主必须提出解雇的理由。第二,法庭会在审理中确定雇主的解雇理由是否正当。除了理由的不正当外,法庭对雇主把所列理由看作解雇的充足理由的处理方法不满意时,该理由同样是不正当的。

可以认定为不公平解雇的情形有:雇员加入工会或者参加该组织的活动、雇主随意裁员、生产、生病、要求正常工作时间、要求最低工资、拒绝周末加班、悔过自新、揭发等。

对不公正解雇的救济措施有:(1)复职,即雇主全部按照原来的条件恢复雇员的工作,并且按照先前不变的标准给该雇员发放工资、养老金和其他津贴;(2)重新雇佣,重新雇佣不同于复职,即如果一项新的工作内容该雇员更能胜任,这样该雇员可以更换原先的工作。无论是复职还是重新雇佣,法庭在自由裁量时都必须考虑原告的意愿,尤其是能因此造成或助长解雇。同时考量雇主执行复职或重新雇佣的裁定是否可行,在这个"可行性"上,不

---

[1] 参见[意]T.特雷乌:《意大利劳动法与劳资关系》,刘艺工等译,商务印书馆2012版,第116—124页。

得仅仅因为雇主已经雇用了替代者就认定为"不可行"。

雇员复职后,雇主已经给雇员造成的损失可由法庭判决赔偿。同样,如果用人单位不履行雇员恢复原状或重新就业的决定,法院也可以判决雇主向雇员支付其基本补偿金和额外补偿金,除非雇主能证明履行判决事实上"不可行"。基本赔偿金以雇员的年龄和服务年限为基础。雇员在41岁及以上时,每年获得一周半的工资;在22—40岁时每年获得一周的工资;22岁以下时每年获得半周的工资。如果雇员不合理地拒绝了可让他被复职的提议,或者雇员在解雇前的行为证明基本补偿额的减少是公正而合理的,或者根据解雇协议或基于裁员的事实,雇员已收到过解雇补偿金,雇员的基本补偿额可以降低,直至为零。法庭在裁决赔偿金的额度时,要考虑雇员因解雇所受的损失,只要这些损失能够归咎于雇主的行为,包括雇员薪金及津贴的丧失、退休金索偿的丧失、商业津贴及法定就业保障的丧失。需要指出的是,该项赔偿金不支持雇员所遭受的情感伤害或者其他非金钱的损失。[1]

(三)日本的解雇保护法

日本没有关于雇主解雇权限制的专门立法,但并不缺少针对雇主此项权利的分散的、个别的限制性立法,以及解雇预告制度等手续上的规制。所以围绕"解雇自由"通过学说和判例创造和发展了一些相关的法律规制,特别是确立了解雇权滥用法理,并逐步被立法化。2003年,日本《劳动基准法》对解雇权滥用加以明文规定,并在2007年将该规定移至《劳动契约法》第16条,即"解雇,缺少客观、合理的原因,社会观念也不赞成这种不普通的做法,这样滥用权利的解雇是无效的"。

就"解雇自由"而言,相关问题是如果没有违反法律或者协议的限制,雇主是否就可以自由解雇劳动者?对此,在学说和判例上三种不同观点。"解

---

[1] 参见[英]史蒂芬·哈迪:《英国劳动法与劳资关系》,陈融译,商务印书馆2012版,第202—218页。

雇自由说"认为雇主的解雇自由是资本主义生产不可缺少的基本原则,除法律明文限定外不能加以任何制约。"正当事由说"则认为雇主的解雇自由是市民法的原理,应当受制于劳动者生存权。据此,雇主对雇员的解雇必须有正当的事由。而"权利滥用说"则认为雇主原则上具有解雇的自由,但解雇权作为权利的行使不得滥用。[1] 日本最高裁判所强调雇主解雇理由的合理性,并且对雇主解雇的合理性进行严格把握。如果解雇缺少客观、合理的原因,社会观念也不赞成这种不普通的做法,这样滥用权利的解雇是无效的。

与我国"经济性裁员"相似的日本"整理解雇",是指雇主以经营不善被迫削减人员为理由,对一定数量的劳动者实施解雇。该项解雇事由不是由劳动者造成的,而是企业经营者造成的,是基于企业经济上的原因的解雇。"整理解雇"在适用解雇权滥用法理的同时,还有更加严格的法律规则。在判断整理解雇的法律效力时,裁判所通常会从四个方面进行认定和判断。第一,企事业经营上是否存在必须进行解雇的高度必要性。如果企业财政状况没有问题,或者解雇人员后企业有招聘新员工等相互矛盾的行为时,解雇的必要性会被否定。第二,是否尽到了避免解雇努力的义务。这是四个要件中最为重要的要件,也就是说,"解雇"必须是也只能是"最后的手段"。比如,"避免解雇的努力"包括企业是否通过停止招聘新员工、在职员工减薪、减少加班、内部调动、借调、提前退休等解雇以外的其他手段来努力避免解雇?如果这种"努力"不被认可或者被认定为"欠缺",则解雇无效。第三,被解雇人员的选定是否依据客观的合理的标准进行。解雇人员的选定不能存在恣意的、不合理,解雇人员的选定要有公正客观和合理的标准,并且该标准在适用中也同样具有合理性。裁判所的判例在尊重劳资自主判断的同时,重视保留能力强、贡献大的优质劳动者,但同时对年龄大、技能低的劳动

---

[1] 日本最高裁判所采纳"权利滥用说"的立场,认为"雇主假如在缺乏客观的、合理的缘由时行使解雇权的,而且还不被社会的通常理念所认可的情况下,视为权利的滥用而无效"。田思路等:《日本劳动法研究》,中国社会科学出版社2013版,第219页。

者,考虑到其再就业的困难,采取增加其退职金等补偿措施。第四,解雇手续是否完备,是否与劳动者以及工会进行了说明和协商。整理解雇是对劳动者的无过错解雇,因此,企业在诚信规则上负有使劳动者和工会能够接受的协商和说明的义务。这四个要件缺一不可,否则,雇主的解雇就会被认定为"解雇权滥用"。

  雇主不当解雇的救济,被解雇的劳动者可通过诉讼获得。劳动者在解雇效力的争讼时,大部分是申请解雇劳动合约不被认可,必须接着保持与雇主的劳动合约规定的关系,雇员可以在劳动合约失效时间内的酬金支付。同时,劳动者也可把雇主的不当解雇作为"不法行为"请求损害赔偿。当裁判所判该解雇无效时,雇员有对被解雇期间的工资的请求权。但如果在被解雇时间段里雇员干其他工作得到经济报酬,雇主向雇员承担解除劳动关系时间的工资时可以扣除,但扣除的限度不能超过平均工资的40%。考虑到解雇的争议导致劳资双方信赖关系的丧失,特别是通过复职实现救济后,劳动者担心回去后会遭遇各种无形的不利处境。在这种情形下,通过雇主与劳动者协商,由雇主向劳动者支付一定的和解费后,由劳动者提出"辞职"来解决纠纷是可取的。[1]

---

[1] 参见田思路等:《日本劳动法研究》,中国社会科学出版社2013年版,第215—223页。

第三章 我国用人单位劳动合同解除权的规范与限制

——以"两个严重"为例

我国的《劳动法》第 25 条和《劳动合同法》第 39 条规定,劳动者违反劳动纪律或用人单位的规章制度,或重大过失、渎职的严重情况下,对用人单位的利益造成重大损失的,用人单位可以解除劳动合同(以下简称"两个严重")。一般认为,这是一项用人单位直接行使单方解除权的法定条款,而且是用人单位援引法定条款解除劳动合同最为便利、最为直接和最为厉害的法律依据。根据条款和条件,用人单位可以单方面作出决定,而不必征求劳动者的意见。用人单位可随时作出决定,无须事先通知劳动者;用人单位可以全身而退不给劳动者支付经济补偿金。因此,这是一条对劳动关系产生重大影响的条款,它在劳动立法和司法中具有的特别重要性是不言而喻的。

从《劳动法》实施的第一天起,包含在 25 条中的这"两个严重"就引发了实际适用与理论方面的争论和分歧,有关问题悬而未决。13 年后的《劳动合同法》中的第 39 条几乎原封不动地移植了这"两个严重",即严重违反用人单位规章制度的情形,和严重失职、营私舞弊,给用人单位造成重大损害的情形。由此,《劳动法》实施以来该条款所存在的全部问题也为现行的劳动法制度所继受,并在实践中也更为突出。

下文以《劳动法》第 25 条中的"两个严重"来探讨我国用人单位劳动合同解除权,寻求其中的规范之策,讨论对用人单位解除权的限制之道。

第一节 "两个严重"的立法沿革与困惑

一、《企业职工奖惩条例》第 11 条与《国营企业辞退违纪职工暂行规定》第 2 条

我国的《企业职工奖惩条例》是国务院常务会议于 1982 年 3 月 20 日通过,1982 年 4 月 10 日国务院以国发〔1982〕59 号文件发布,并自发布之日起施行的。这是我国在计划经济体制下订立,在从计划经济向市场经济转轨时期施行的,关于劳动者(职工)奖励和惩罚的规范性文件,也是这一时期由用人单位奖励和惩罚劳动者单一有效的法律文件。[1]

《企业职工奖惩条例》第 11 条第 1 款具体列举了应当予以处分的职工行为:"对于有下列行为之一的职工,经批评教育不改的,应当分别情况给予行政处分或经济处罚:(一)违反劳动纪律,经常迟到、早退、旷工,消极怠工,没有完成生产任务或者工作任务的;(二)无正当理由不服从工作分配和调动、指挥,或者无理取闹,聚众闹事,打架斗殴,影响生产秩序、工作秩序和社

---

[1] 在《国务院关于废止部分行政法规的决定》(国务院令第 516 号,2008 年 1 月 15 日公布)中,附件 1:国务院决定废止的行政法规目录(49 件)序号"17"即为《企业职工奖惩条例》。其废止的主要理由是,《中华人民共和国劳动法》(1994 年 7 月 5 日中华人民共和国主席令第 28 号公布)和《中华人民共和国劳动合同法》(2007 年 6 月 29 日中华人民共和国主席令第 65 号公布)已经代替了该条例。

会秩序的;(三)玩忽职守,违反技术操作规程和安全规程,或者违章指挥,造成事故,使人民生命、财产遭受损失的;(四)工作不负责任,经常产生废品,损坏设备工具,浪费原材料、能源,造成经济损失的;(五)滥用职权,违反政策法令,违反财经纪律,偷税漏税,截留上缴利润,滥发奖金,挥霍浪费国家资财,损公肥私,使国家和企业在经济上遭受损失的;(六)有贪污盗窃、投机倒把、走私贩私、行贿受贿、敲诈勒索以及其他违法乱纪行为的;(七)犯有其他严重错误的。"

立法者在详细列举了6种情况以后,还是担心挂一漏万,所以还特别加上了第7种,"犯有其他严重错误的"作为兜底条款。紧接着,第11条在第2款规定:"职工有上述行为,情节严重,触犯刑律的,由司法机关依法惩处。"这是我国首次在劳动立法中引入"严重"条款,开启了我国嗣后在劳动立法中在劳动者过错解雇中使用"严重"条款的先例。

虽然第11条的规定非常广泛,并且设有兜底条款,但是企业解除劳动关系问题上,即当时的"除名"或者"开除"这一事项上,《企业职工奖惩条例》还是慎之又慎的。《企业职工奖惩条例》在第3条的指导思想里面强调,"对违反纪律的职工,要坚持以思想教育为主、惩罚为辅的原则"。总体来说,这跟当时将职工视为企业的主人翁的基本理念是密不可分的。第18条规定:对职工有无正当理由经常旷工的行为,且经批评教育拒不改正的,用人单位才可以除名。而且,对旷工的时间进行了细化规定,连续旷工超过15天,或者一年以内累计旷工时间超过30天的,企业才可以除名。这一规定,从立法技术角度来看,甚为合理(与第11条的表述相互关联),更加具体,便于企业掌握运用。因为企业负责人不难看出,要将一名职工除名或者开除必须满足特定的法定要件,即便是"旷工"这样严重的违纪行为,也必须达到相当严重的程度才可以,而不是动辄追究。

紧接着,《企业职工奖惩条例》从第19条到第21条对于企业处分职工,尤其是开除职工在程序上做出了严格的规定。给予职工行政处分和经济处罚,必须弄清事实,取得证据,经过一定会议讨论,征求工会意见,允许受处分者本人进行申辩,慎重决定。工作人员审查从发生工人被解雇的错误之日起不超过5个月,其他处罚不能超过3个月。受到行政处罚、经济处罚或开除的,用人单位应当书面通知,并记录在个人档案。不服处罚的,可以在处罚公布之日起10天以内,向上级领导机关提出书面方式的申诉。

在《企业职工奖惩条例》实施半年后的1983年1月24日,针对条例中有些规定不够明确的情况,原劳动人事部以劳人字[1983]2号文印发了《关于〈企业职工奖惩条例〉若干问题的解答意见》,对于"处分",尤其是"开除"相关的规定进行了从严解释。例如,第13条问:在职工代表大会闭会期间,不能及时讨论职工的开除处分,怎么办?答:在这种情况下,应按《国营工业企业职工代表大会暂行条例》第15条的规定处理,即:"职工代表大会闭会期间,需要临时解决的重要问题,可由常任主席团召集职工代表团(组)长和有关职工代表参加会议,进行处理。"又如,第18条:节假日的天数不能计算到旷工时间内,应该扣除计算。再如,第19条:职工在公布处分以后,可在10日内提出申诉。其时效期限在一般情况下,受处分的职工在场的,应从公布处分之日起算,但是,如果公布处分时该职工不在现场,则应从其受到处分之日起算。上述意见表明,对于劳动者的处分无论在事实上还是程序上都要从严掌握,都要尽最大可能保障劳动者的权益,尤其是劳动者保有工作岗位的权利。

在1983年下半年开展的全国严厉打击刑事犯罪活动中,公安部、司法部、原劳动人事部于1983年12月23日以[83]公发(研)161号文发布了《关于对职工中被收容劳动教养并注销城市户口的人员是否开除公职问题的答复》,明确指出"对于一般有轻微违法犯罪行为决定劳动教养,没有注销城市户口的,其公职问题仍按一九八二年一月二十一日国务院批转公安部《劳动教养试行办法》执行,一般应保留公职。"紧接着,1984年3月1日,公安部、司法部、原劳动人事部明确确认,前述文件适用于1981年6月10日《全国人民代表大会常务委员会关于处理逃跑或者重新犯罪的劳改犯和劳教人员的决定》公布以后被注销城市户口的劳动教养人员。其中少数表现好，已恢复城市户口，原单位给予保留公职的，可回原单位工作。这些实践表明，我国在涉及劳动者劳动权的事项上，法律规范和政策规定都慎之又慎，都是从严解释、从严掌握，尽最大可能保障劳动者的工作权，保留职工的工作岗位，保留工人的公职身份。基本立场是，即便职工"有轻微违法犯罪行为"也应"保留公职"，也可"回原单位工作"。

1988年7月12日，国务院发布了《国营企业辞退违纪职工暂行规定》，规定了7种可辞退的情形。此规定首次规定了"严重违犯劳动纪律，影响生产、工作秩序的"，可以辞退；并且沿用了"犯有其他严重错误的"的兜底条款。但是，该暂行规定设置了前提条件，有上述行为之一者，必须经过单位教育或者给予行政处分后，仍然不思悔改的，才可以采取辞退的处理。上述两个"严重"的措辞，表明立法者一以贯之的以"严重"作为企业处罚职工的标准，而不只因职工的一般不当行为就行使处罚权，尤其是事涉职工劳动权的处罚。[1]

伴随着我国经济体制改革的进行，劳动合同制工人出现在了国营企业中。1988年4月6日，原劳动人事部以劳人劳〔1988〕9号文颁布了关于《国营企业辞退违纪职工暂行规定》的一个复函，明确指出《国营企业辞退违纪职工暂行规定》适用于国营企业包括劳动合同制工人在内的全体职工，但在处理方式上有所不同。按照《国营企业辞退违纪职工暂行规定》的规定情形，属于应予辞退的，企业可以直接解除劳动合同，无须先办理辞退手续再与其解除劳动合同，也不用按照《劳动法》规定提前一个月通知违纪职工本人，只需要在解除劳动合同的原因中说明原因。

---

[1] 2001年10月6日，《国务院关于废止2000年底以前发布的部分行政法规的决定》中序号"53"即为《国营企业辞退违纪职工暂行规定》，废止的主要理由是，该规定被《劳动法》（全国人大常委会1994年7月5日通过并公布）和《失业保险条例》（国务院1999年1月22日发布）代替。

更加值得注意的是,该项复函加诸了说明:劳动合同制是我国经济社会发展中产生确立劳动者与企业双方的劳动关系的新型用工制度,不能按照过去固定的思维模式处理问题。劳动合同制工人可以与企业自由签订、解除、终止劳动合同,从而实现人员的正常流动。所以,对于应予辞退的劳动合同制工人,应该按照《劳动合同法》的规定采取解除劳动合同的方式处理,要逐步淘汰过去处理固定用工的思维与方式。

接下来,更加纯粹的劳动用工形式将会法律化,以劳动合同建立劳动关系的用人单位和劳动者将成为法律的主体,劳动合同制度下的雇用与劳动也将成为我国主流的甚至是唯一的用工形式。

值得注意的是,《国营企业实行劳动合同制暂行规定》第14条关于劳动合同解除禁止的规定,第一次在我国法律规范中明确限制了用人单位的劳动合同解除权,也为《劳动法》的在解除禁止上的立法和实施探索了路径,劳动合同制工人有以下几种情形的不得解除劳动合同:(1)劳动合同期限未届满;(2)经劳动鉴定委员会确认患有相关职业病或者因工负伤工作;(3)患病或非因工负伤在规定的医疗期限内;(4)怀孕、产假和哺乳期间的妇女;(5)符合国家规定条件的。

二、从《劳动法》第 25 条到《劳动合同法》第 39 条

《劳动法》从起草到颁布实施经历了两个阶段。1978 年 12 月,邓小平在中央工作会议上关于《解放思想,实事求是,团结一致向前看》的讲话中指出,应尽快制定"工厂法、人民公社法、森林法、草原法、环境保护法、劳动法、外国人投资法等等"。原国家劳动总局决定组织力量起草《劳动法》。1979 年 1 月成立了起草小组,并邀请了全国总工会、北京大学、中国社会科学院法学所等单位的有关同志和专家学者参加讨论和起草工作。1979 年 7 月,写出了《劳动法(草案)》初稿。至 1983 年 3 月,形成《劳动法(草案)》第 17

稿。1983年3月29日,国务院常委会讨论并原则通过。1983年7月将修改后的第18稿作为《送审稿》提交全国人大常委会审议。1984年2月,根据全国人大常委会法制工作委员会有关领导同志的意见作了修改。由于种种原因,《劳动法(草案)》未能审议,起草工作中断。

劳动法研究小组和起草小组于1989年2月,又开始重新进行起草。由原劳动部、原国务院法制局、全国总工会等领导于1990年参加的《劳动法》起草领导小组和起草办公室,重新研究确定了《劳动法》起草的基本原则和主要内容,第27稿《劳动法》形成了。领导小组于1991年4月,讨论通过了《劳动法(草案)》送审稿,并把此稿送达国务院。原国务院法制局在调查的基础上作了进一步修改,形成了提请国务院常务会议审议的《劳动法(草案)》。国务院第14次常务会在1994年1月7日,审议并且通过了《劳动法(草案)》,与此同时提请全国人大常委会审议该草案。经过全国人大常委会认真审议,于1994年7月5日通过了《劳动法》,于1995年1月1日起实施。[1]

《劳动法》第25条第2项和第3项规定:"(二)严重违反劳动纪律或者用人单位规章制度的;(三)严重失职,营私舞弊,对用人单位利益造成重大损害的",用人单位可以解除劳动合同。

对于这"两个严重"的解读,从一开始就颇费心思。劳动纪律是解读的出发点,所以,劳动者违反劳动纪律和规章制度达到什么样的程度才算严重的界定颇为重要。劳动纪律是组织社会劳动的先决条件,是人们从事社会生产组织的必要条件。为保证社会生产活动顺利进,劳动法律法规要求劳动者在工作场所遵守一定的规则和秩序,服从统一的指挥和调度,这也是安全生产的需要。用人单位的规章制度是规范用人单位全体劳动者统一进行工作的行为准则,它是根据我国法律、法规制定的规章制度,该企事业法规

---

[1] 参见黎建飞主编,程延园等撰:《〈中华人民共和国劳动法〉讲解》,中国政法大学出版社1994年版,第8—10页。

制度具体规定了劳动纪律的内容。如前所述,按照《国营企业辞退违纪职工暂行规定》,单位员工严重违反劳动纪律和操作性规程,影响生产和工作秩序,损坏了生产设备、工具,给用人单位造成原材料、能源的浪费等经济损失的,或者是因为工作态度不佳等影响用人单位整体形象的,或者寻衅滋事、扰乱生产经营,严重影响社会秩序的、犯有其他严重错误的,用人单位都有权依法解除其劳动合同。

至于"严重失职,营私舞弊,对用人单位利益造成重大损害的",是从劳动者职业操守和忠诚义务出发。认真工作是劳动者应有的本色,劳动者有义务按照劳动合同的规定完成任务。工人违背忠诚义务,工作失职,损公肥私,给用人单位对经济造成巨大的损失,用人单位可依照情节在征得本单位工会同意后,有权决定解除劳动合同。[1] 这样的解读在当时条件下是符合实际的,但是本规定从法律实施与适用的操作性上看,还是差强人意的。

1995年8月4日,原劳动部公布了《关于贯彻执行〈中华人民共和国劳动法〉若干问题的意见》100条,其中第4部分是关于"劳动合同的解除"。第28条意见规定:"劳动者涉嫌违法犯罪被有关机关收容审查、拘留或逮捕的,用人单位在劳动者被限制人身自由期间,可与其暂时停止劳动合同的履行。暂时停止履行劳动合同期间,用人单位不承担劳动合同规定的相应义务。"对依法被追究刑事责任或者被劳动教养的,用人单位可以根据解除劳动关系。这些意见,对于25条实施和适用有积极的意义,但对于"两个严重"的规定,缺乏明确而具体的说法。

出现这样的情况可能并非立法的疏漏或者不力,而是另有原因。一位参与我国《劳动法》起草的相关人士曾经对于这一事项进行过"口述历史":他在起草《劳动法》的这个条款时就指出"两个严重"这样的"概括性用语"

---

[1] 参见黎建飞主编,程延园等撰:《〈中华人民共和国劳动法〉讲解》,中国政法大学出版社1994年版,第95—96页。

将会导致法律实施和条款适用的麻烦,因为他刚完成的博士论文《论立法目的》的"立法材料"一节中,就专门论述过为了应对复杂的社会生活的需要,法律规范不可能做到"明确肯定",在特定情形下,不得不明确具体而追求概括性和普遍适用性,因为法律是以社会成员的一般行为为调整对象的,其提供的字面意思必须是普遍的,保证其在社会生活中的普遍适用。"两个严重"便是这种情况。当时的一位《劳动法》起草负责人就是这样回答的:"我们知道这样的表述不够明确具体,但这是没有办法的事。因为如果不这样表述,就只能一一列举,而劳动者的这些行为显然是不可能一一列举的。"[1]

在《劳动合同法》制定过程中,"两个严重"的问题再次被诟病,但仍然被保留在了《劳动合同法》第 39 条中。因此,也同样留下了理解和解读的困惑。

三、"两个严重"在解读中的困惑

用人单位的惩戒权,获得了《劳动合同法》第 39 条的明确承认。解雇涉及劳动者就业的基本权利,雇主不可以随意编造解雇事由。但是由于法律上只能说明用人单位可以解除劳动合同的基本类型,不能把全部具体解雇原因列举完毕,因此雇主在这上面就有可为。具体到《劳动合同法》39 条的"两个严重""不仅是法定的解雇理由,而且也对雇主实行惩罚性解雇提供了依据,雇主可以在其规章制度和惩处制度中明确规定'严重违反规章制度'的具体标准,'严重失职、营私舞弊'的具体判断基准等等"[2]。多数情况

---

[1] "法律是面向未来的适用预测,法律的文字含义必须具有一定的包容性,以便涵摄尽可能多的可能新出现的行为。在立法中往往有意识地选择概括性术语或其他非确定文字。"正是为了应对无法感知的多种不确定情况和世事的变化莫测,立法者不得不将某些规定和个别规范赋予较大的伸缩性或者弹性,为法律的社会受众和执法人员、裁判者留下价值判断的空间。参见黎建飞:《立法学》,重庆出版社 1992 年版,第 120 页。
[2] 谢增毅:《用人单位惩戒权的法理基础与法律规制》,载《比较法研究》2016 年第 1 期。

下,法院等裁判机构或者劳动执法部门对用人单位因员工行为严重违纪而做出解除劳动合同的决定,都是持肯定的态度。

"两个严重"的立法措辞,既有抽象性与含糊性,同时也存在很大的局限性。"对于'严重违反',没有统一的标准,不同的人有不同的理解,这反过来又可能会造成雇主滥用解雇权的现象"[1]。

重庆市第一中级人民法院曾经从审管系统中随机抽取了20件用人单位违法解除劳动合同的案件,近一半(9件)都是用人单位以劳动者严重违反规章制度为由解除劳动合同的纠纷。这是因为是否违反用人单位规章制度的标准在用人单位看来更为客观、具体、具有说服力。严重违反用人单位规章制度的问题,在司法实践中也面临着困惑,主要有两个方面的问题。第一,什么样的企业规章制度可以作为解雇的标准和依据,企业制定规章制度的权利是否应当受到合理限制?第二,何种程度之违反,构成严重,构成合法解雇之理由?[2]

执业律师面对"两个严重"也很困惑。在实务中,用人单位规章制度的并不能成为确定劳动者违反规章制度是否达到"严重"程度的准绳,劳动者的行为是否达到了严重程度,包括是否故意作为、多次作为、劝阻无效、严重影响用人单位的正常管理秩序,以及用人单位做出"开除"决定前有无给予劳动者申辩、纠正的机会都是考量的因素。何时构成"两个严重",变成用人单位的单方面决定。实践中有的企业为了以儆效尤,往往对轻微违反的劳动者同样施以严厉的制裁,使得劳动者对"两个严重"的适用缺乏合理预期和判断。

---

[1] 杜文雅等:《不当解雇的缺陷分析及规制完善》,载《人民论坛》2011年第8期。
[2] 参见牛维、宋芳:《"严重违反用人单位规章制度"的司法认定问题》,重庆法院网。

第二节 司法审判对"两个严重"理解的歧义

一、劳动仲裁和人民法院的理解分歧

审视劳动仲裁委员会和人民法院审理的劳动案件，可以清楚地看到在司法审判中对"两个严重"在理解上的分歧和由此导致的执法偏差。

（一）下班打麻将"严重"违纪

张某等9人与某公司签订的是无固定期限劳动合同。2013年8月，张某等人下班后在宿舍以1元为赌注打麻将被告发，公司于2013年9月29日下发了张某等人的违规事件处理通报：根据公司的《职工手册》，在宿舍打麻将为严重违纪，据此解除与张某等人劳动合同。

张某等人向某市劳动仲裁机关提请劳动仲裁，其诉求被驳回。遂向法院提起诉讼，法院一、二审均以用人单位的经营管理享有自治权，公司的行为合法有效为由予以驳回。[1]

（二）重复售票6元"严重"违纪

喜某是公共汽车公司的售票员。2009年6月29日，喜某将在上一个行程中已售出的价值6元的车票在下一个行程中再次出售给乘客。该重复售票行为被公汽公司稽查员暗访时现场查获。第二天，公司以喜某违反《乘务员工作要求与违章处理》b27条"乘务员收款不给票，少给票或给废旧票及其他公司车票，均属贪污票款行为"为由，对喜某作出扣罚600元、扣除300元文明服务奖并予以辞退。喜某向某市劳动争议仲裁委员会提起劳动仲裁，

---

[1] 参见焦法：《职工下班打麻将被开除合法吗?》，载《民主与法制》2015年第4期。

仲裁委员会裁决确认公司与喜某之间的劳动合同解除。

喜某向法院提起诉讼,一、二审法院均予以驳回。法院认为,双方争议的焦点是公汽公司以喜某行为严重违反该公司规章制度为由解除劳动合同是否合法,由喜某的工作性质决定,应对公司承担更高程度的注意义务和忠实义务,车票款代收事项上不能有任何过错行为。[1]

(三) 因病缺勤两天"严重"违纪

段某于 2014 年 7 月进入江苏某制造有限公司从事钳工工作,2015 年 4 月 16 日、17 日发烧看病未到公司请假。17 日下午向单位说明情况,18 日到单位补病假但部门经理不批准,并给予当事人记大过处分,后公司依据《员工手册》予以除名。

段某请求有关部门仲裁,提出了要其工作单位对其解除的劳动合约进行经济赔偿。仲裁委员会肯定并且支持段某的做法,公司向法院提起诉讼,在法院的调解下,以公司支付段某 1 个月工资结案。[2]

(四) 宿舍发生冲突"严重"违纪

A 在外企工作,和同事 B 住在一家公司宿舍。因为两个人工作时间不同,B 就在晚上回到宿舍影响 A 休息。A 多次向行政部门反映,但行政部没有处理。2005 年 10 月 15 日晚,由于 B 影响了 A 的休息,A 与 B 发生冲突,双方受伤,但伤势较轻。两天后,A、B 接到行政部门解雇通知书,理由是两人严重违反工作人员宿舍守则。但 A、B 两个人从来没有见过《员工宿舍手册》,A 觉得事出有因,不应该被解雇。[3]

---

[1] 参见肖小勇:《最高院民一庭意见:如何认定劳动者严重违反用人单位规章制度》,载中国劳动争议网。
[2] 参见南京大学劳动法律援助项目:《用人单位"小题大做",与轻微违纪的劳动者解除劳动合同》,载《法援月报》2015 年 7 月。
[3] 参见古晶:《如何证明员工严重违反劳动纪律》,载法律快车网。

此类案件,不胜枚举,从上班工作到下班打牌,病假不准到宿舍打架,用人单位的规章制度无所不包、无处不在,劳动者的"严重"违反也动辄被纠,防不胜防。这些案件都是以两个"严重"为处理依据的,究竟什么是"严重"?怎样才算得上"严重"?在劳动争议中,劳动仲裁部门和人民法院如何认定"严重",用以肯定用人单位的用工权限;又如何排除非"严重",用以维护劳动者的劳动权益?然而,我们并没有得到答案。

在第一个案例中,一、二审法院的理由都是"用人单位的经营管理享有自治权",由此证明公司的行为合法有效。问题在于,用人单位的经营自主权是否具有边际,是否应当受到一定的约束和限制?否则,用人单位制定出来的任何形式和任何内容的规章制度都具有了天然的合法与合理性,这显然并非劳动立法的本意。

第二个案例中的法院倒是直面争议,判定了用人单位解除劳动合同所依据的规章制度和该项规章制度均属"严重",由此支持了用人单位。然而,问题仍然回到了起点:由于法院判定该项规章制度及劳动者违反行为的严重性并不是来源于案件所涉规章制度本身,而是来源于法院解读该项制度所考虑的其他要素,是法院从劳动者工作性质并由此承担的加重义务判定的,由此给规章制度"严重"与否的解读开辟了另一途径,即,必须借助其他要素来界定规章制度的严重性,而不能从规章制度本身读出其严重性。

接下来,由于法院判定该项规章制度"严重"是源于规章制度和劳动者行为的"性质"而不是或者不考虑在这一性质项下劳动者行为的"程度",进而导致新的失准。因为由此一来,只要劳动者事涉相关行为,都是严重且可以解除劳动合同的。问题在于,相关法条突出的两个"严重",都是在强调劳动者的行为导致了的严重后果。如果立法机关的本意是想表达,劳动者违反用人单位的规章制度是用人单位就与之解除劳动合同的充分条件,那么就可能采用"劳动者如果具有如下行为违反用人单位的规定的,用人单位有权解除劳动合同"的表述了。

相关的立法条文突出两个"严重",本意就在于强调雇员不但违反了雇主的规章制度,而且严重违反了雇主的规定。[1] 无独有偶,同样是在第二个案例的发生地,同样是该案所涉及的公共汽车,同样是车上售票,十多年前因1.5元的钱票不符,解雇了一位售票员。在对案件的评述中,偷逃票款(公司的规章制度和解雇理由)无疑是违反规章制度的,但1.5元钱无论如何都算不上"严重"的,即便放在"偷逃票款"项下。如同打人是违法犯罪的,但打人一耳光无论如何也构不成刑事犯罪一样(后文讨论"同类规则"还会回到这个话题上)。

第三个案例仲裁支持了劳动者,否定了用人单位依据的规章制度及其"严重",法院以调解结案,且是以用人单位支付劳动者一个月工资结案,这等同于否定了用人单位以其规章制度及其"严重"性解除劳动合同,采取的是由用人单位一次支付一个月经济补偿金的非劳动者主观过错解雇方式。本案更为直接的意义在于:即便劳动者有过错,即便认定段某旷工两天,公司是否有权制定解除劳动合同和规章制度,是否可以依据这样的规章制度解雇劳动者?

第四个案例与第一个案例的相同点在于所涉事项都发生在劳动者的非工作时间,而且也都与劳动者在雇主公司所进行的生产、工作不相关。问题就是:雇主对雇员的管理不仅仅局限于雇员的工作,而是管理到雇员的休息时间甚至全部生活?[2] 比如,许多用人单位要求劳动者下班不得关闭手机,必须24小时保持开机状态并且随时接听用人单位的来电。这类问题可以变换为"我能不加班吗?"劳动法的回答是"能!"法定工作时间之外的全部时间

---

[1] "严重"在汉语中用于程度上是指"不容易解决的、很重要或很有影响的",用于损失上是指"惨重的;令人极其悲痛或恼怒的",用于状态上是指"情势危急的"。在英语中,severe 也指 causing very great pain, difficulty, worry, damage, extreme or very difficult。

[2] "原则上,雇员私人生活方面的事实通常被认为与此(即解除劳动合同——本书作者注)不相关,除非这些事实直接影响了雇员的职业能力或可依赖性,例如,银行雇员的盗窃行为。"参见[意]T. 特雷乌:《意大利劳动法与劳资关系法》,刘艺工等译,商务印书馆2012年版,第118页。

都是劳动者的休息时间,是劳动者休息权得到证明和得以实现的时间。[1]

在上述问题中,"规章制度"是问题的焦点,既有如何界定"规章制度"的问题,也有如何限定"规章制度"的问题。当"规章制度"与"严重"相关联时,又有了立法中使用"概括性用语"的问题,有"严重"与"严厉"的区别问题,也有法律解释中应当遵循的众多相关规则的问题。[2]

二、"两个严重"中"规章制度"的理解与争议

规章制度是用人单位组织劳动和管理劳动的规则,被称为用人单位的"小宪法"。1959 年,国际劳工组织特别委员会的报告书将其定义为:"企业界对 Works rules, Company rules, work shop rules, rules of employment, standing order 之称号,适用于企业的全部或大部分员工,一般适用于雇佣员工行为的各项规章制度。"[3] 用人单位的规章制度是其基于债权人的地位,对劳动者履行劳动合同义务的具体指示,在双方已经有劳动契约的情形下,双方理应按照契约履行各自的义务,规章制度并没有规范效果,而只具有事实上的通知的效力。[4]

---

[1] 参见黎建飞:《劳动法热点事例评说》,中国劳动社会保障出版社 2006 年版,第 108 页。
[2] 典型案例:被告桂某于 1989 年 11 月入职原告南齿公司处,现工作岗位是市场部销售人员。2016 年 8 月 22 日,原告以被告擅自离岗,连续旷工 12 天,严重违反规章制度为由作出解除劳动合同决定。2016 年 12 月 6 日,被告诉至南昌市劳动人事争议仲裁委员会,请求裁决原告支付被告解除劳动关系经济补偿金、未休年假工资。该仲裁委裁决原告支付被告经济补偿金71400 元,未休年假工资 4689 元。原、被告对关于未休年假工资的裁决均无异议,但原告尚未向被告支付该款项。现原告不服关于经济补偿金的裁决,诉至法院。法院判决:用人单位以劳动者违反单位规章制度为由解雇劳动者不合法。原告未提供涉案《员工手册》通过民主程序产生的证据,亦未提供将该《员工手册》予以公示或者告知劳动者的证据。原告以该《员工手册》作为解除与被告的劳动关系的依据不具合法性。原告已构成违法解除劳动合同。参见邓卓锋:"严重违反制度被解雇不合法,用人单位如何解除劳动关系才合法",载法邦网。
[3] 工作规则在劳动法发展初期被称为工厂规则,也就是说,是工厂、矿场等工作场所的纪律性约束。在 1920 年以前,德国的劳动法上除工厂规则外,还有企业规程或服务规则等名称。参见黄越钦:《劳动法新论》,中国政法大学出版社 2003 年版,第 136 页。
[4] 参见黄越钦:《劳动法新论》,中国政法大学出版社 2003 年版,第 19 页。

在我国,先前称规章制度为"企业内部劳动规则",见于国务院1954年5月6日通过,7月14日颁布的《国营企业内部劳动规则纲要》。这个纲要根据中华全国总工会的建议制订,内容包括招聘、调动和解聘,企业高管和员工的基本职责,工作时间和处罚。在调整范围上,既包括职工,也包括了企业领导。在内容上,既规范职工的行为,如"十一、上工时,职工必须从工牌箱上取下自己的工牌,或把自己的出入证交付出入证保管处保管;下工时,必须将工牌挂在工牌箱上,或领回自己的出入证。工牌箱或出入证保管处应在上工前和下工后各开放半小时。工牌箱旁或出入证保管处应有计工员监督办理上下工手续。工牌箱旁或出入证保管处并须备有准确的时钟"。也规定企业领导的处分事由,如"二十三、企业的领导人员犯错误或违反劳动纪律时,得按隶属系由原任命机关分别情节轻重给予纪律处分,或送法院依法处理"。在程序上,除突出"双决制"外,还附加了"报批制",如《中央人民政府政务院关于颁布〈国营企业内部劳动规则纲要〉的决定》第4条规定,各企业单位的厂长、经理需要根据纲要和内部已有的劳动规则,结合各自单位或部门的具体情况,制定本单位或者部门的劳动规则,取得工会组织的同意后(这是双决制),报当地劳动主管部门审核通过后,报送直属的上级管理机关批准后实施(这是报批制)。同时,规定了"公示"为重要的形式要件,如"二十四、内部劳动规则应公布在车间(科、室)中的显目地方"。

我国规章制度的现行立法集中表述于劳动立法的第4条。在立法过程中,《劳动合同法》从草案第5条到法条第4条一直争论不断。但这个阶段的争议是更要紧的"规章制度"制定权归属之争,而不是"规章制度"的内容和范畴之争。现行《劳动合同法》第4条表述和该条的前身《劳动合同法(草案)》第5条表述有所不同,《劳动合同法(草案)》第5条第2款规定:"用人单位的规章制度直接涉及劳动者切身利益的,应当经工会、职工大会或者职工代表大会讨论通过,或者通过平等协商作出规定。"《劳动合同法》第4条第2款规定:"用人单位在制定、修改或者决定有关劳动报酬、工作时间、休息休假、劳动安全卫生、保险福利、职工培训、劳动纪律以及劳动定额管理等直接涉及劳动者切身利益的规章制度或者重大事项时,应当经职工代表大会或者全体职工讨论,提出方案和意见,与工会或者职工代表平等协商确定。"两者不同的立法表述在社会中引起激烈争论,直接的分歧点在于用人单位的规章制度是"单决"还是"共决"。[1] 这一分歧,既说明了规章制度对于双方劳动关系的重要性,也说明了双方对于劳动合同规则的重要意义的充分认识。到底是"讨论通过",还是"协商确定"?最后,立法采用了惯常的妥协,即协商确定。但何为"协商确定",怎样"协商确定"?更尤其"协商确定"不成或者说"协商"却不能"确定"该怎么办,立法并未给出答案。

有必要看看法律的相关规定。我国《劳动法》第4条规定的也是关于规章制度,从该条规定似乎可以解读出这样的意思,用人单位制定规章制度应该以保障劳动者权利和明确劳动者义务为主要内容,而不是作为管理手段和惩戒依据。接着,1994年9月5日,原劳动部《关于〈中华人民共和国劳动法〉若干条文的说明》第4条解释了用人单位制定"规章制度"所依之法,包括所有的法律、行政法规和规章、自治条例和单行条例。并在第25条中对《劳动法》第25条做了迄今为止最为详细的直接说明:所谓"严重"违反劳动纪律可以按照《企业职工奖惩条例》和《国营企业辞退违纪职工暂行规定》中的有关规定确定,对劳动者进行奖励或者处罚,甚至辞退。所谓"重大损害"

---

[1] 有一种观点认为,企业重大事项决定权和制定规章制度是用人单位的"自决权"范围内的事情,事关企业的经营管理自主权;另一种观点认为,涉及职工切身利益的规章制度应该充分尊重劳动者的参与权,属于劳资"共决"事项,应该由劳方和资方共同决定。对此,时任全国总工会民主管理部郭军部长曾表示,《劳动合同法》企业规章制度的制定有明确具体的规定,规章制度属于劳资共决事项,经职工代表大会通过才有效,如果在职工代表大会上产生争议的,要通过工会协商确定。但华东政法大学的教授董保华却认为,将《劳动合同法》关于劳动规章的制定解释为"共决事项",与我国现行《公司法》存在严重冲突,出现了两部法律打架的尴尬局面。董保华教授认为,世界范围内,将规章制度的制定解释为劳资共决事项的国家只有德国,我国将规章制度解释为共决事项与世界潮流不符,共决事项会严重限制企业灵活用工,影响企业经营活力。参见许浩:《新〈劳动合同法〉第四条又成争论热点——公司规章制度是"单决"还是劳资"共决"》,载《中国经济周刊》2008年第17期。

也应当遵守企业的内部规则,根据企业类型的不同,损害程度的衡量也应该有所差异,对损害不应也不能做出统一的解释。劳动争议仲裁委员会在劳动争议发生时,可以确定劳动争议的主要规定。本书的被依法追究刑事责任的,在实践中具体可以分为以下几种情形:(1)人民法院判处刑罚处罚的。处罚包括:罚款、拘役、有期徒刑、无期徒刑或死刑;还有附加刑:罚金、剥夺政治权利、没收财产的;(2)人民检察院做出不予起诉决定的;(3)人民法院作出免予刑事处罚决定的。

2006年8月,最高人民法院在其发布的《关于审理劳动争议案件适用法律若干问题的解释(二)》中再一次对规章制度作出解释,这一司法解释第16条明确了集体合同效力高于用人单位规章制度这一国际惯例。但该条规定的后半句,即关于劳动合同与规章制度之间效力的高下则需要具体情况具体分析了。在形式上,劳动合同的双方当事人是否可以通过单个契约修改经过职工代表大会通过的规章制度?在具体内容上,用人单位的规章制度通常是劳动合同的组成部分,如《员工手册》等,当劳动合同约定内容与劳动合同构成内容不一致时,忽视构成内容而"优先适用"约定内容的法理依据何在?

在改革开放中成长起来的我国劳动关系和劳动立法,肇端于"珠三角",扩展至"长三角"。因此,这两个地区的相关规定既具有典型意义又具有风向标作用。

2002年,广东省高级人民法院以自身名义发布了《关于审理劳动争议案件若干问题的指导意见》,该意见直接无视当时仍然具有法律效力的国务院行政法规《企业职工奖惩条例》,而且与此后国家劳动行政主管部门的部门规章不符。[1] 2008年,广东省发布了《关于适用〈劳动争议调解仲裁法〉、〈劳动合同法〉若干问题的指导意见》,规定"用人单位在《劳动合同法》实施

---

[1] 参见原劳动部《关于〈中华人民共和国劳动法〉若干条文的说明》第25条。

前制定的规章制度,虽未经过《劳动合同法》第四条第二款规定的民主程序,但内容未违反法律、行政法规及政策规定,并已向劳动者公示或告知的,可以作为用人单位用工管理的依据。《劳动合同法》实施后,用人单位制定、修改直接涉及劳动者切身利益的规章制度或者重大事项时,未经过《劳动合同法》第四条第二款规定的民主程序的,原则上不能作为用人单位用工管理的依据。但规章制度或者重大事项的内容未违反法律、行政法规及政策规定,不存在明显不合理的情形,并已向劳动者公示或告知,劳动者没有异议的,可以作为劳动仲裁和人民法院裁判的依据。"该规定与《劳动合同法》的诞生相差不是很远,对法律的解释适用具有一定的参考作用。借用司法领域常用的一句话就是:可适用可不适用的都适用。这些规定,将《劳动合同法》制定时针锋相对的论争以一方获利的方式画上了句号。2009年4月15日施行的深圳市中级人民法院《关于审理劳动争议案件程序性问题的指导意见》中表述得更加明白:"《劳动合同法》第四条第二款规定的所谓的'平等协商确定',是指一种程序上的要求,如果公平商量无没有结果,用人单位有最后的表决权。"

上海在2009年3月3日,颁布了《上海市高级人民法院关于适用〈劳动合同法〉若干问题的意见》,应当说,这是一个走得比较远且对该区域劳动案件审判具有实质约束力的规范性条款了。这项规定以民法中的"诚实信用"原则为支撑,以劳动法中劳动者基本义务条款为前提,规定在"雇主要求雇员承担合同责任的处理"中,即使"在规章制度无效的情况下",劳动者如果以用人单位的规章制度未做规定为由进行抗辩的,用人单位依然可以请求劳动者承担相应责任,这种抗辩不予支持。

通过法院的这些规定,我们可以清楚地看出,在《劳动合同法》实施中,法院对于事涉"规章制度"的审判规则已经与《劳动合同法》制定中的立法本意和相关争议相去甚远了。

第三节　限制用人单位在"两个严重"上的劳动合同解除权

一、用"概况性用语"解释规则限制

在劳动法中,两个"严重"属于概括性用语。在《现代汉语词典》中,"概括"一词被解释为将某些事物的共同特点找出来并归结在一起,还有一种解释为"简明扼要",都是把某类事物或者对象具有的特点,推广到该类事物的所有对象全部具有这种属性。这是一种形成普遍性认识的思维方法,但却是立法应当尽可能避免使用的方式方法。[1] 因为"规范性文件的语言,应该明确、简洁、通俗易懂""文件的提法和某些术语的含义要确定、准确"。这是一切立法技术的规则都有的共同原则。[2]

然而,愿望并不等于现实。现实是,劳动立法在规章制度上,似乎从来都不吝啬概括词的使用,世界各国立法在这上面使用"严重""重大"竟然具有普遍性。似乎,除了"严重""重大"这类概括性用语能够配置规章制度外,人们缺失了找到确定、准确,或者明确和简洁的其他词汇的能力。

20世纪初,史尚宽老先生在他的《劳动法原论》中,就援引德国《劳动合同法》做了这样表述的:"特别通知谓即时之解约。即不问当事人定有劳动契约之期间与否,于有重大事由(Wichtiger Grund)时,当事人得不经预告即时解约。何谓重大事由,依德国劳动契约法第一百五十六条之规定,如于契约之目的,善良风俗革信义上,对于当事人一方(解约通知人)有不能强其继

---

[1] 参见黎建飞:《立法学》,重庆出版社1992年版,第179页。
[2] "一切立法技术的规则都有共同的原则,这个共同原则就是:为找出必要的法律规定和正确地理解和适用这些规定,创立最佳条件、提供最大方便,保证全面、准确、严谨、易懂地表述法律规范。"孙国华主编:《法学基础理论》,中国人民大学出版社1987年版,第381页。

续劳动关系的情形,即有重大事由之存在。"[1]时至今日,我国台湾地区的"劳动基准法"在相关条文中,依然使用的是"使雇主误信而有受损害之虞者""对于雇主、雇主家属、雇主代理人或者其他一起工作的劳工,实施暴行或有重大侮辱的行为者""违反劳动契约或工作规则,情节重大者",而正是这些概括性文字的表述,带给我国台湾地区劳动法理论界和实务界诸多困惑、不解与不便。[2]

在荷兰,无须通知的解雇归结为基于"紧急事由"的解雇,规定在《民法典》第7编687条和688条。法律对于"紧急事由"规定为雇主难以接受的雇员行为,并进行了列举。在法律所列举的情形中,表述再次回到了概括性用语,如"在履行职务过程中严重不称职""在履行职务过程中的重大过失"。何谓"严重""重大"?法官常常以必须是严重的且足够紧急的来判断,例如,解除通知必须及时,否则,解除前的耽搁就将被判定为并非紧急。在《民法典》第7编685条中,有基于"重大事由"解除雇佣合同的规定,相关的解释为"重大事由也可以是性质严重的情势变更,其严重性足以据此合理、即时地或者经由短暂通知期解除一项雇佣合同"。[3]

意大利规定雇主只有在具有"合理诉因"和"正当原因"时才能解雇员工。相关的解释是"严重违背雇员的合同义务(称为'主观原因')",其严重性包括"多次不合理旷工""因过失对雇主财产或物质造成严重损失"等。[4]在德国,只有当下列三个条件都同时具备时,劳动法院才会认可雇员失职可

---

[1] 史尚宽:《劳动法原论》,世界书局1934年版,1978年台北重印,第51页。此时的"重大事由"及其引发的即时解约权是雇主和雇工双方共有的,不同于现在仅归属雇主或者用人单位一方。考虑到劳动者解除劳动合同本来就不需要特别的理由,这样的变化也就是可以接受的,是社会发展所必然的。

[2] 参见丁嘉惠:《个别劳动关系法——民法雇佣契约与劳动基准法劳动契约基础篇》,元照出版公司2010年版,第160页。

[3] [荷]费迪南德·B.J.格拉佩豪斯等:《荷兰雇佣法与企业委员会制度》,蔡人俊译,商务印书馆2011年版,第37页。

[4] [意]T.特雷乌:《意大利劳动法与劳资关系法》,刘艺工等译,商务印书馆2012年版,第118页。

以作为解雇的正当理由:"雇员有严重失职的嫌疑;这种嫌疑很大;必要的调查不能证明嫌疑没有根据。在调查期间,雇主可以暂停雇员的工作,但他仍然有义务支付酬劳。"[1]

各国都不约而同在同一事项上使用概括性用语,表明相关事项既难于一一列举,又难以明确具体。正所谓"世界上既无绝有的词语,更无绝对的模糊词语,任何的词语都可以说是准确的,也可以说是模糊的""模糊词语就是在特定的语境和视点中语义具有某种不确定性的词语"[2] 这类法律用语留下的空间和麻烦,就只能留给学术研究和司法实践了。要在概括性用语中寻求确定性答案无异于缘木求鱼,我们能够做的,是找到并遵循一些共同的规则或者准则解释和适用这些概括性用语。数百年来的司法实践,学者们的归纳总结,为我们的目标提供了可能性。

在英美法系中,法律解释是法官的天然职责,是光明正大无可厚非的,因而形成了一整套法律的解释规则,其中就不乏"概括性用语"解释规则。同时,历史和惯例对解释概括性用语也有实质性影响。例如,费兰克福特法官认为宪法融合了两类条文:随着法律进化而规定的"一般"条文和必须根据历史事件来解释的"特殊"条文;特定的不幸"导致"抚慰它们的特殊宪法。因而,要根据历史来理解宪法条文,其含义如此依赖于历史,有些时候定义就成为条文的累赘,法官解释适用宪法须了解和尊重历史事实。[3]

在英国理解概括性文字,一般有3种主要的方式:(1)在立法意图的考虑方面,注意到上下文的前提下,要承认其一般适合的效力。"立法用语,即便不是像有特指词在先的'诸若此类'或'其他'的概括词,也易于受它们相

---

[1] [德]曼弗雷德·魏斯等:《德国劳动法与劳资关系》,倪斐译,商务印书馆2012年版,第138—139页。
[2] 余致纯主编:《法律语言学》,陕西人民出版社1990年版,第137、138页。
[3] 参见余致纯主编:《法律语言学》,陕西人民出版社1990年版,第131页。

联系的其他词的影响"。[1] 例如,1677年《礼拜仪式法》规定:"在主日,商人、工匠、工人、劳动者或者其他诸如此类者不得从事他们各自行业中任何世俗的劳动、商务和工作。"该条款中"诸中此类"的文字定义理应限定在那些从属于上面用语中所特指的同行业中,不适用于马车主、农场主、理发匠和财产代理人。在彭杰利案中,法官裁定1961年《工厂法》第8条第1款中的"地板"不得适用于工厂中用于贮存货物的那部分"地板、台阶、阶梯过道和出入口"。[2] (2) 为避免明显荒唐的结果而对其范围进行限制。例如,1949年,英国颁布的《车辆执照法》中第15条规定:凡在英国国有公路上驾驶或停放机动车,如果没有本法所规定的执照者负有……责任。英国一公民花了2英镑买了一辆只能用来当废铁来论的车,并且丢在国有公路上,该车三个车轮没气,另外一个已丢失,并且发动机不能发动已经生锈,也没有变速箱和其他电器附件。法院判定这种情况明显不是"机动车"所涵盖的范围,被告没有责任。[3] (3) 根据"一般法不得损坏特别法"的准则,限制以

---

[1] [英]鲁珀特·克罗斯:《法律解释》,孔小红等译,西南政法学院法学理论教研室1986年版,第151页。"概而言之,'从上下文求字义'和级别规则可分别看作是'同类'规则的扩充和限制说法。这些规则或准则过分集中于判例法,因为它们既不是法律原则,也不是法律规则。把它们称作语言规则几乎是不正确的,因为它们只涉及了人们说某些话的方法,它们不过大致地表明了说话者或书写者的意图。E.A.赖德基尔先生在一篇文章中说:通常,一位丈夫同意妻子买帽子、女上装、鞋子和'你所需要的其他一切',并不是希望她买除了衣服以外的其他东西。再次摘引德赖基尔先生对同类规则全面而系统的阐述:'如果概括词只是在把某一种或类的人或物归类,而不是概括所有种类而得的,它们的解释应限制在事物的那种类上。除非立法的上下文或立法的总范围与权限清楚表明,国会有意要扩大它的含义。'"同引书,第148页。

[2] 参见[英]鲁珀特·克罗斯:《法律解释》,孔小红等译,西南政法学院法学理论教研室1986年版,第149、152页。

[3] 参见[英]鲁珀特·克罗斯:《法律解释》,孔小红等译,西南政法学院法学理论教研室1986年版,第151页。帕克勋爵裁定这不是一辆机动车时说:"在我看来,当人们说:'这样丝纹不动的车'时,根据通常的含义,得有所限制,达到某种程度才行。就本车而论,它与别纽伯里诉西蒙兹一案有别,没有合乎情理的理由设想它还会再开动起来。在我看来,到这种程度,无论如何一辆车已不再是一辆机动车。"前引书,第92页。

后,法律中涵盖性文字不能替代涉及特定事项的前面的法律。[1] 从这些规则及其法官的运用中,我们不得不认可鲁珀特·克罗斯所言:"由于使用了这类概括性文字,国会必须把广泛的立法权赋予法庭。"[2]

传统上,大陆法系不认可法官对于法律具有解释性功能,长久以来形成教旨主义认为,立法者所作的解释才是权威性解释。[3] 为了阻绝法官产生解释法律的冲动和可能,18世纪末在腓特烈大帝的组织下,普鲁士通过了一部《普鲁士民法典》,里面超过一万六千多条的法条,尝试对各种不寻常、细微的事实列举了尽可能全面、具体的、可能解决方案。[4] 然而事与愿违,法官依然在日常工作中不得不对法典的规定作说明。大陆法系经历了一个严格分权到立法性法院的成立过程,一个只认可立法机关可以行使法律解释权到普通法院法律解释权的逐步认可的过程,现在,普通法院终于可以解释适用法律,甚至创造规则。[5]

具体到本书讨论的"两个严重",和由这"两个严重"产生的歧义和案例,我们不仅需要正确地理解和适用它们,还需要遵循相关的法律解释规则,运

---

[1] 在著名的维拉·克鲁兹塞案中,塞尔伯恩勋爵说:"如果说有什么可以肯定的话,那就是在后法中的概括性文字不在扩充到前法专门作了规定的事项的条件下,能合乎情理和切合实际的适用时,如果没有特别意图表示,你不能裁定前法和特别法仅仅由于这些概括性文字的效力就被取代、修改或废除了。"[英]鲁珀特·克罗斯:《法律解释》,孔小红等译,西南政法学院法学理论教研室1986年版,第94页。
[2] [英]鲁珀特·克罗斯:《法律解释》,孔小红等译,西南政法学院法学理论教研室1986年版,第95页。
[3] 参见[美]约翰·亨利·梅利曼:《大陆法系》,顾培东等译,知识出版社1984年版,第43页。
[4] 对于这种立法模式的目的我们只能进行揣测,一方面是想为法官提供全面的依据,方便法官审理案件时得心应手;另一方面是禁止法官对法典作任何解释,也就是对法官解释法律的不信任。遇有疑难案件,只能由法官将解释适用法律的问题提交"法规委员会"(Statutes Commission)。假使法官对法律作出解释,那就是对腓特烈的冒犯,可能因此受到严厉的惩罚。在现有研究资料可以看出,德国法制史学家们对此持一种批判的态度,因为"法规委员会"不可能,也从未起到腓特烈所期望的作用。《普鲁士民法典》规定已经极为详细,但制定法永远不可能为变幻莫测的现实生活提供明确的答案。所以,法官在日常案件审理中不得不对法典的作解释。腓特烈的法典和他期望发挥作用的"法规委员会"都已一去不复返了。参见[美]约翰·亨利·梅利曼:《大陆法系》,顾培东等译,知识出版社1984年版,第43—44页。
[5] 参见[美]约翰·亨利·梅利曼:《大陆法系》,顾培东等译,知识出版社1984年版,第46页。

用这些解释规则来寻求和达成基本的共识。

在现代社会中,"解雇"本身不仅是"最后的"手段,而且是"最重的"惩罚。"所谓'情节重大',系属不确定之法律概念,不得仅就雇主所订工作规则或劳动契约之名目条例是否列为重大事项作为决定之标准,须劳工违反工作规则或劳动契约之具体事项,客观上已难期待雇主采用终止以外之惩处手段而继续其雇佣关系,且雇主所为之惩戒性终止与劳工之违规行为在程度上须属相当,方符合劳基法规定之'情节重大'之要件"。[1] 德国甚至为此前置了程序性要件,即雇主必须很清楚地告知雇员在再三失职或继续失职的情况下将会被解雇。解雇是基于雇员一而再的失职行为,因此,在原则上要求对雇员提前进行警告。"由于解雇一直被认为是最后的解决手段,所以一个雇员只有当他/她因为其不可接受的行为被警告仍然熟视无睹时才会被解雇,这就确切说明雇员的行为是不可接受的,如果他继续这么做他将被解雇"。[2]

二、用"不公正解雇"制度限制

两个"严重"引发诸多争议的另一个原因是,我国劳动法律制度中解雇制度的单一化。其一是标准的单一化:合法或者合同;其二是手法的单一化;因此,有必要引入"不公正解雇"制度作为过渡和补充。

"不公正解雇"(Unfair dismissal)主要通行于英美法系,尤其是在发达工业社会通行的一项法律制度,通常包括三个方面的内容,即雇主给予雇员"严厉的"(Harsh)、"不公平的"(Unjust)和"不合理的"(Unreasonable)解

---

[1] 参见丁嘉惠:《个别劳动关系法——民法雇佣契约与劳动基准法劳动契约基础篇》,元照出版公司 2010 年版,第 160 页。
[2] [德]曼弗雷德·魏斯等:《德国劳动法与劳资关系》,倪斐译,商务印书馆 2012 年版,第 138 页。

雇。这项法律制度的重要意义在于：当雇主或者用人单位在劳动者没有与履行劳动合同相关的违法及过错（without being unlawfrl or even wringful）的情形下解雇劳动者，即为"不公正解雇"。麦休和古茂法官在伯恩诉澳航空公司案中的判词阐明了这一点："雇工的不当行为并未违法而被雇主解雇是不公正的解雇，因为雇主的解雇决定是从其得到的信息中不合理推断出来的，这一决定可能对雇员的经济状况导致过于严重的后果，或者这一严重后果与雇员不当行为的严重程度是不相称的。"[1]

"严厉的"或者说"苛刻的"解雇关注的是惩罚的不相称性，即雇员的不当行为招致的处罚后果过于严厉。一个面包店的工人拒绝在下班前的最后一分钟给客户送货，尽管该送货点就在他回家的路上。"严格地说，雇员拒绝服从雇主的这一指令是其服从义务的，但在这种情况下做出的解雇处罚是过于严厉了"。同样，在阿格纽诉全国新闻私人有限公司案中，解雇雇员是因为他在午餐时间饮酒，违反了雇主公示的在工作期间禁止饮酒的奖惩制度。法官同样判定该项解雇属于过于"严厉的"解雇。尽管该项解雇是以一个合理且有效的规章制度为基础，但该雇员是一个在该公司长期供职的员工，法官认为他的一次不当行为并不是一个"严重的"事由。[2]

澳大利亚《公平工作法》第387条列举了在"不公正解雇"中，判别是否构成"严厉的""不公平的"和"不合理的"解雇应当考虑的要素：（1）解雇的正当理由是否与被解雇员工个人的能力或者行为直接相关（包括在安全和福利方面对其他雇员的效应）。（2）被解雇的员工是否得被告知了该项解雇理由。（3）被解雇的员工是否得到机会回应与其能力和行为相关的解雇理由。（4）是否无理拒绝一个能够为被解雇员工提供帮助的人到场参与有关

---

[1] Rosemary Owens, etc., *The Law of Work*, 2ed, Australia & New Zealand：Oxford University Press, 2011, p.491.

[2] Rosemary Owens, etc., *The Law of Work*, 2ed, Australia & New Zealand：Oxford University Press, 2011, p.491.

其解雇的讨论。(5)如果解雇是因为被解雇员工的工作欠佳,此前是否就其欠佳的工作表现提出过警告。(6)雇主的企业规模在多大程度上可能对该项解雇在程序上产生影响。(7)缺乏专门的人力资源管理专家或专业知识会在何种程度上对该项解雇在程序上产生影响。(8)《公平工作法》介意的其他相关事项。[1]

长期以来,澳大利亚对雇员的解雇保护强调雇主不得以法律明确禁止的理由(最为典型的是因雇员是"工会的成员")解雇雇员。[2] 这项制度的有效性受到质疑,因为一个被解雇的雇员不能从自己的角度质疑对自己解雇公平性,而不得不依靠工会组织才能挑战解雇自己的公平性。[3] 并且,这种方式还只适用于各州的法庭。雇员个人寻求挑战不公平解雇的法律最先出现在 1972 年南澳大利亚州的《工业调解和仲裁法》,之后是昆士兰州 1990年的《劳资关系法》、新南威尔斯州 1991 年的《工业仲裁(不公平解雇)修订法》[4]、维多利亚州 1992 年的《雇员关系法》和西澳大利亚州 1993 年的《劳资关系修订法》。

在联邦层面,相关的司法判例更早一些就出现了。联邦调解仲裁委员会于 1984 年就依据 1904 年的《调解与仲裁法》强调了一项规则,即在终止、变更和裁员案件中,有关解雇不得苛刻、不公正或不合理。这类规则随后就为澳大利亚高等法院所肯定。[5] 澳大利亚议会随即就在 1993 年《劳资关系改革法》的基础上扩大了雇员免受不公平解雇的保护。这项立法也为国际劳工组织 1982 年《终止雇佣公约》所依据。

在当前的澳大利亚法律中,公平工作委员会根据 2009 年《公平工作法》

---

[1] Breen Creighton, etc., *Labour Law*, 5ed, Australia: The Federation Press, 2010, p.646.
[2] Such as Commonwealth Conciliation and Arbitration Act 1904, s9(1).
[3] Such as the definition of "industrial matters" in the Industrial Arbitration Act 1901.
[4] 该项立法在新南威尔斯州 1996 年的《工业关系法》中有了更大的扩展。
[5] Ranger Uranium Mines Pty Ltd; Ex parte Federated Miscellaneous Workers' Union of Australia [1987]; Federated Storemen & Packers Union of Australia; Ex parte Wooldumpers (Vic) Ltd [1989].

第 385 条的规定来判定什么样的解雇是苛刻的、不公平的或不合理的,判定什么样的裁员并不是真正的裁员。如果公平工作委员会裁定解雇是不公平的,接着就必须决定是否要求恢复工作或进行赔偿。该委员会把恢复工作为首选,当然也会考虑恢复工作是否适当,只有在认为恢复工作是不合适的情况下,才可以做出由雇主进行赔偿的判决(赔偿上限为 6 个月工资)。[1]

澳大利亚的不公平解雇制度适用范围相当广泛,涉及英联邦管辖范围内的全部雇主和雇员,[2]包括:英联邦及其权属公司,以及这些公司所辖的公司,雇用水域雇员、海员,以及国际或海外贸易或商业机组的雇员;澳大利亚本地和北部领地的全部雇主(北部领地警察成员除外)以及诺福克岛、圣诞岛和科科斯(基林)群岛的外部领土的雇主。此外,各州可以根据《宪法》的授权确定某些雇主的管辖类别。这些企业中的全体雇员都适用于该项制度,即便在《公平工作法》不适用场所,如果出现了不公平解雇,也可以通过联邦立法来进行救济,在西澳大利亚州,西澳大利亚工业关系委员会也都可以提起相关的诉讼。[3]

英国的立法近年来大幅度扩展了"解雇自动不公正"的事由。正如英国执业出庭律师史蒂芬·哈迪博士所言:"长期存在的'合理性'(reasonableness)概念适应现代需要成为广泛使用且更规范的'公正性'条件。"[4]"解雇自动不公正"应该包含以下具体内容:有关工会的事项,包括会员资格和活动,雇员不同意加入工会;有关辞退员工的事项;有关怀孕、分娩或其他事假;有关法定权利的申请,包括向雇主申请工作时间、税收优惠、保底工资等;有关作为健康安全代表、雇员代表或职业退休金模式受托人的活动;有关与企业转

---

[1] Regional Express Holdings Limited v Richards [2010] FWAFB 8753 at [23].
[2] "Benchbook: Unfair Dismissals". Fair Work Commission. July 2016. pp. 25-27.
[3] "Termination of Employment: National Guidelines for Managers and Supervisors in Australia", Clayton Utz. 2015.
[4] [英]史蒂芬·哈迪:《英国劳动法与劳资关系》,陈融译,商务印书馆 2012 年版,第 210 页。

让相关的解雇(除因为经济、技术或组织原因的解雇)。[1] 与此相近的荷兰《民法典》第 7 编第 681 条把"离职待遇"列举为"明显不合理的解雇""考虑到为雇员提供的离职待遇以及雇员未来找到一项新工作的难度,其面临的困难与雇主的利益相比较,显然不成比例"。[2]

英国的不公正解雇开始于 1968 年多诺万阁下领导的工会和雇主协会皇家委员会,[3] 该委员会提出了一项对不公平解雇进行救济的法案。他们的提议后来写进了 1971 年的《劳资关系法》,把听取投诉和给予补救的管辖权独家赋予了新成立的国家劳资关系法院。1974 年的《工会和劳资关系法》很快就取代了先前立法中的不公平解雇条款,国家劳资关系法院也设立了一个工业法庭,并因此更名为就业法庭。通常情况下,法庭由一名具有法律资质的雇佣关系专业法官(官方名称为"主席")和两名成员组成,其中一名须具有对雇员友好的背景(例如工会),另一名则须具有对雇主友好的背景。一些简单的索赔,例如,从工资索赔中非法扣除的索赔,可以由一个雇佣专业法官单独处理的。

---

[1] 参见[英]史蒂芬·哈迪:《英国劳动法与劳资关系》,陈融译,商务印书馆 2012 年版,第 209 页。

[2] 如果雇员认为自身的解雇不合理,他可以向法院提出申请,向雇主主张损害赔偿,这种损害赔偿可以是得到离职补偿,也可以是重新返回工作岗位,雇员具有选择权。参见[荷]费迪南德·B. J. 格拉佩豪斯等:《荷兰雇佣法与企业委员会制度》,蔡人俊译,商务印书馆 2011 年版,第 39 页。

[3] Ridge v. Baldwin [1964]是英国上议院审理的英国劳工法案例。审理案件的法官将自然正义学说(司法审理中的程序公正)扩大到行政决策领域。布莱顿警察局解雇了警长查尔斯·里奇没有给他抗辩的机会。里奇警长提出申诉,认为布莱顿监狱委员会(由乔治·鲍德温领导)因为对 1958 年他的刑事诉讼而终止他的警长的职务是非法(越权)行事。里奇还主张从警察局获得了经济赔偿,并且拒绝重新任职。他寻求赔偿金和解雇期间的工资,尤其是要恢复他的退休金,因为如果他没有被解雇,他有权从 1960 年起得到退休金。上议院认为,鲍德温委员会违反了自然正义理论,并且决定推翻 Donoughmore 委员会在 30 前坚守的原则,即自然正义理论不能适用于行政决定。"'自然正义'是一项法律原则,对案件必须没有偏见(nemo iudex in causa sua)和公正审理(audi alteram partem)。里奇第一次用这个理论推翻了非司法(或准司法)的决定。"因此,这一案例被描述为"开创对英国行政权进行司法审查"的"里程碑案例"。参见 Gillian Peele, *Governing the UK: British politics in the 21st century*, 4th ed. (2004), Wiley-Blackwell. p. 475. ISBN 978-0-631-22681-9. Retrieved 28 August 2011。

英国的不公平解雇是英国劳工法的一部分,旨在要求雇主公平、公正和合理地处理每一个有可能被解雇的员工。1996 年的《雇佣权利法》规定雇员在被解雇前有权得到公平公正的理由——基于他们的工作能力、他们在工作中的行为,或者是因为公司经营的原因所致。总之,必须基于法定的理由或者其他的实质性原因。

根据法律适用的效力范围,加拿大《劳动法》分为联邦《劳动法》和各省的《劳动法》。"不公平解雇"(法语:congédiement injuste)定义为"雇员被解雇并认为该项解雇是不公平的",[1]在某些情况下还包括了"人为的解雇"[2]根据《联邦法典》,超过 12 个月连续工作的非工会雇员(除管理人员外),可以在被解雇后 90 天内提出不公正解雇的诉求。[3] 在提出申诉时,雇员有权以书面形式向雇主提出书面要求,要求雇主提供解雇的理由,雇主必须在 15 日内向雇员提供。该项申诉先由一名主管人员进行调查,主管人员要在合理时间内予以解决。如果解雇被裁定为不公正,则裁判员具有广泛的补救权力,包括下令赔偿和恢复工作。虽然许多雇主试图通过在雇佣合同中支付遣散费来包括该项赔偿,但加拿大最高法院在 2016 年裁定,该类约

---

[1] "Unjust Dismissal". Employment and Social Development Canada. January 5, 2016.
[2] "Constructive dismissal",在雇佣法中,当雇员因雇主制造敌对工作环境而辞职时,便可称之为"人为地解雇"或者"人为地中止雇佣关系"。因为雇员的辞职并不是真正自愿的,所以称之为"中止"。例如,当雇主在雇员生活极其困难时迫使雇员辞职,而不是由其来解雇该雇员员工。雇主的这类行为就属于"人为的解雇"。相应的法律后果在不同国家之间有所不同,但一般而言,"人为的解雇"导致雇员失去工作,雇员有权向雇主提出索赔。参见 https://en.wikipedia.org/wiki/Constructive_dismissal,last see,10-10-2017。
[3] Canada Labour Code, R. S. C. 1985, c. L-2, Part III, Div. XIV; Act respecting labour standards, CQLR, c. N-1.1, ss. 82, 82.1(3), 124, 126; applying to those who have worked for at least two years who have "not been dismissed for a good and sufficient cause". Labour Standards Code, R. S. N. S. 1989, c. 246, ss. 6, 21, 23, 71 and 72, 78; applying to those who have worked for at least ten years who have been discharged or suspended "without just cause". Act to amend the Canada Labour Code, S. C. 1977-78, c. 27, s. 21; Act respecting labour standards, S. Q. 1979, c. 45, s. 124; Act to Amend Chapter 10 of the Acts of 1972, the Labour Standards Code, S. N. S. 1975, c. 50, s. 4.

定有悖于普通法中的法律救济。[1]

　　虽然到了 1973 年"不公平解雇"才成为法国劳动法的内容,但相应的保护措施早在 1892 年就已经实行。[2] 法国《劳动法》既规定了解雇的程序,也规定了解雇得以有效的理由。解雇可能由于个人的行为,也可能是经济的原因。如果雇主认为有理由以雇员个人的行为将其解雇,则必须提前 5 个工作日向雇员发出解雇通知,告知他相关会议的情形,并将解雇决定以书面的形式,以挂号邮递的方式在不少于 2 天后寄送给雇员。[3] 如果是以经济的原因解雇,雇主必须在接下来的 12 个月内通知雇员申请这个岗位,即,该雇员有权要求获得该职位。如果雇主没有事先通知,或者没有向该雇员提供可以申请该职位的提议,就构成"不公平解雇"。[4]

　　对于不公平解雇,雇员可以向劳工法院提出申诉,雇主面临几项索赔:不遵守程序要求可能导致赔偿给雇员 1 个月的工资;不确定理由的解雇可能导致法院命令恢复工作;雇主还将被责令偿还雇员可能得到的最多为 6 个月失业救济金;如果雇员已经有了 1 年的服务期,雇主还会面临单独的遣散费索赔。

　　不难看出,劳动法中的"不公正解雇"制度是具有特殊意义和价值的制度。"不公正解雇"制度介入在劳动者的不当行为与雇主的解雇决定之间,起到了延缓、抵消和降低劳资冲突的作用。这项制度的独特价值在于:不是劳动者没有不当行为,而是劳动者的不当行为不能直接导致雇主的解雇决

---

[1] Fine, Sean (July 14, 2016). "Supreme Court ruling protects federally regulated workers from unfair dismissal". The Globe and Mail. , discussing Wilson v. Atomic Energy of Canada Ltd 2016 SCC 29 (14 July 2016).

[2] Voize-Valayre, Roland (1991), The French Law of Unjust Dismissals, *New York University Journal of International Law and Politics*, New York University. 23 (2): 519–598.

[3] "La procédure en cas de licenciement pour motif personnel" [Procedure where dismissal occurs on personal grounds]. travail-emploi. gouv. fr (in French). Retrieved August 9, 2016.

[4] "La priorité de réembauche" [The priority for recall]. travail-emploi. gouv. fr (in French). Retrieved August 9, 2016.

定。在劳动力市场供大于求的现代社会,劳动者不但一职难求而且一职难保,雇主的解雇不仅直接剥夺了劳动者当前的劳动并获得报酬的权利,还把劳动者再次找到工作的可能性也降低了。"解雇"或许是雇主手中的"撒手锏",但现代社会的法律却不得不设置障碍,尽可能地阻止其对劳动者"一招封喉"。

所以,在劳动者不当行为与解雇之间是有很长的距离的,在劳动者违反规章制度与被雇主解雇之间是有"严重"的预论条件的。即便"坐实"了劳动者违反劳动力合同或者规章制度或者规则,"解雇"也不是雇主的必然选择,而且还不是雇主的第一选择而是其最后选择,不是雇主的常用方式而是其最后手段[1]。换言之,雇主在行使解雇权的时候,应当是以一种通情达理的方式予以行使,而非专断或者肆意的方式[2]。如果劳动者违反规章制度的行为没有达到"严重"的程度,没有满足从法律条文中解读出的"严重"条件,雇主的解雇就应当认为是过于"严厉"的,因而是不符合法律规定而不应当得到立法和司法的支持与肯定的。如果在我国劳动立法和劳动司法中能够引入"不公正解雇"制度,将在很大程度上缓解劳动关系中劳动者与用人单位之间的矛盾,将切实有效地在劳动者的不当行为与用人单位的解雇决定之间设置一堵防火墙,阻止用人单位把有不当行为的劳动者直接等同于可以解雇的劳动者,充分体现出劳动法"招聘容易解雇难"的基本理论和根本原则,把《劳动法》第25条、《劳动合同法》第39条中的两个"严重"落到实处。用人单位一方行使劳动合同解除权,可以分为三种情况加以说明:因雇员自身错误解除的过失性解除,非因雇员自身错误解除的非过失性解除和公司经济性裁员。

---

[1] "如继续劳动合同关系,将妨害雇主利益而难以期待达到劳动契约目的,亦即劳动关系已受到严重干扰而难以继续,有立即终结的必要,而且客观上也难期待雇主采用解雇以外的处罚手段来处理才算情节重大。"丁嘉惠:《个别劳动关系法——民法雇佣契约与劳动基准法劳动契约基础篇》,元照出版公司2010年版,第171页。"司法实务逐渐形成解雇最后手段原则。"焦兴铠等:《劳动基准法释义——施行二十年之回顾与展望》,新学林出版股份有限公司2009年版,第293页。

[2] 英国劳动法评判雇主行使解雇权的一个核心标准即是否是合理的(reasonable)。参见 Steven Anderson, *The Law of Unfair Dismissal* (3rd edition), Butterworths, 2001, pp. 179-208。

第四章　劳动者劳动合同解除权（雇员辞职权）的价值与特性

劳动者解除劳动合同的权利是我国劳动合同解除制度中重要的组成部分，有着其独特的价值，也有其特定的理论和特征。

第一节　劳动者劳动合同解除权的理论特点

鉴于劳动关系的特殊性和劳动者一职难求、一职难保的现实性，劳动者的劳动合同解除权呈现出一种悖论现象，但作为一项独特的权利，劳动合同解除权对于劳动者有着其独特的价值。

一、劳动者劳动合同解除权的价值基础

劳动者的劳动合同解除权是劳动者可以单方面解除劳动关系或者终止劳动合同履行的权利。劳动者通过劳动合同解除权

的行使,从违反自己意愿或损害自己的劳动关系的权利和利益出来,恢复自己在劳动力市场的"自由身"。为了使劳动者的合法权益得到保护,特别是相对薄弱劳动者不被强势的用人单位所侵害,从对中国的劳动力市场供大于求的一般情形来看,法律给予了劳动者有权解除劳动合约的权利,这在社会发展史上具有十分重要的意义。

(一) 劳动者解除劳动合同权是劳动者的基本权利

在当今市场经济大环境下,劳动力市场已经成为一种新型的、特殊的商品市场。人力资源成为一种稀有的资源,能够保证生产力的健康发展。当工人根据自己的情况来综合考虑,如利益需求、专业知识、自己的工资期望、自己要从事的工作等,认定工作已经不利于其发展的结论时,工作积极性、有效性是难以提升的,这无论对于劳动者还是用人单位来讲,都不是好消息,所以也应该有新的选择来实施。

劳动者有权终止劳动合同,也就是说劳动者能够摆脱原先不适合的工作,可以转向新的和更适合自己的用人单位,这就是劳动力的自由流动,它能够提高自由劳动力的使用效率,优化劳动力配置,将劳动者价值的最大化得以实现。自由就业的过程实际上是劳动力价值实现的过程。人类也具有动物的趋利性,让员工自由实现利益的最大追求,是有利于他们的工作热情和创造力的提升,是他们主动调整资源的组合,以此来使劳动力资源的利用率得以提升,创造出新的和更多的资源优化配置组合。

劳动者解除与用人单位的劳动合同的权利就是其劳动权的自然属性。劳动者的劳动权首先是获得工作的权利。《世界人权宣言》第 23 条从正面表述了劳动权的内容:"(一)人人有权工作、自由选择职业、享受公正和合适的工作条件并享受免于失业的保障。(二)人人有同工同酬的权利,不受任何歧视。(三)每一个工作的人,有权享受公正和合适的报酬,保证使他本人和家属有一个符合人的尊严的生活条件,必要时并辅以其他方式的社会保障。(四)人人有为维护其利益而组织和参加工会的权利。"在关于《经济、社会和文化权利国际公约》中,第6条规定:每个人都应该有获得自由选择、接受自己喜欢的工作权利,并且通过这种工作权利来获得生活的权利,这就是上述公约缔约各国的承认工作权,并且采取一些措施来保护每个人的合法权利。此规定不单是对《世界人权宣言》第23条第1款的继承,也是对此条款的发展,不单肯定了雇员享有选择的权益,"本盟约缔约国确认人人有工作之权利,包括人人应有机会凭本人自由选择或接受之工作谋生之权利,并将采取适当步骤保障之。",也肯定了辞职权,揭示了辞职权为发展权的属性。《废除强迫劳动公约》《公民权利和政治权利国际公约》《强迫劳动公约》则从相对面做了同样的表述,这些公约明确、全面的规定了作为雇员的一个最基本的权利,那就是禁止遭受强迫工作。任何威胁,以惩罚或作为强迫任何人从事非自愿所有劳动或服务的手段,所有国家都应强烈禁止。对于非法强迫或强制劳动的行为必将受到最严厉的刑事处罚。"任何人不应被强迫役使""任何人不应被要求强迫劳动或强制劳动"[1]。

劳动权是一个历史的和发展中的概念,随着社会的发展和进步扩充自己的范畴。正如罗斯福夫人安娜·埃莉诺·罗斯福在起草《世界人权宣言》时在分析"工作权"时得出的结论:"人人工作的社会并不必然是自由的社会,还有可能是实实在在的奴隶社会……在美国,我们已经意识到[工作权]其实包含了根据个人意愿选择工作的自由以及是否工作的自由。"她还提出:"如果我们被迫听从专断的安排在特定的时间前往特定的地点工作,我们美国人并不会认为自己获得了某种自由。"[2]在这个意义上,劳动者解除劳动合同的权利,在特定的劳动关系存续期间中止该项特定的劳动关系的权利是一项与获得工作同等重要的劳动的基本权利。

---

[1]《公民权利和政治权利国际公约》第8条。
[2] [美]玛丽·安·葛兰顿:《美丽新世界——〈世界人权宣言〉诞生记》,刘轶圣译,中国政法大学出版社2016年版,第138—139页。

(二)劳动者解除劳动合同权是劳动者的"自救"权

劳动关系是当今市场经济环境中最普遍、最重要的社会关系。它的稳定与否,对社会主义市场经济的健康稳定发展具有特殊含义。但毫无疑问的是,劳动者在长期的劳动关系中,一直是相对弱势的群体,因为与雇主的关系为隶属关系,还有由此带来的与雇主的人身依附关系。这种依附关系带来雇主随意损害雇员权益的风险,包括故意拖欠的报酬、恶劣的劳动条件等。甚至在开始就业,与职工签订劳动合同时,都是通常由雇主提供的合同进行签约,工人可以讨价还价的可能非常小;而且劳动合同是由用人单位提供制定的,大部分的内容是规定的工人的义务和工人权利的限定,这些显然难以保护好劳动者的合法权益。

德国著名劳动法学者沃尔夫冈·多伊普勒在《德国雇员权益的维护》一书中,把雇员的"自救"看作是"消除这些弊端"的途径。在实际的雇佣关系中,雇员与雇主之间并非平等的关系。为了能够生活下去,每个人都需要一份工作。在雇主可以自由选择雇佣雇员、劳动者难以自由地选择雇主时,雇员通常必须接受雇主提出的工作条件,而雇主更多的精力是放在尽可能压榨雇员的合法权益,以此来降低工资成本。在德国,100人或200人竞聘一个工作岗位是司空见惯的,签订劳动合同时通常使用的表格也是雇主事先拟定的。"即使在雇佣之后,雇主与雇员之间也并非公平的关系。当一个雇员进入一个工作组织时,雇员将面临一套与雇主利益相一致的规则。这些规则涉及员工的工作时间、具体职责,以及与他人合作等。每个员工都必须服从雇主的指令。因此,雇佣关系也曾被称作'统治关系'"[1] 所以,如果任由劳动关系肆意恶化,劳动者的合法权益最终将受到严重损害。毕竟劳动者还得听从雇主的安排,最后被逼接受恶劣的工作环境。

---

[1] [德]沃尔夫冈·多伊普勒:《德国雇员权益的维护》,唐伦亿等译,中国工人出版社2009年版,第2页。

所以,劳动法的立法给予劳动者解除合同的权利,给工人摆脱和雇主的人身依附约束提供了最大的可能性,也使职工可以根据自己的自由意志选择工作,从而实现真正意义上的人格独立,使它有能力与雇主进行保护自己权益的竞争,工人弱势地位明显得到改进,与此同时也对劳动者合法权益进行了有效的维护,而且也大大确保了市场经济在新形势下进行持续、稳定和健康的发展。

(三) 劳动者解除劳动合同权是劳动关系的平等权

用人单位发展的第一资源是人力资源。要想使企业有长远的发展,必须留住人才。因为用人单位与劳动者之间的关系是双向互动的,如果用人单位想让人才留住,损害劳动者的利益是行不通的,损害劳动者利益,也是在损害用人单位自己的前途。法律对劳动者在劳动合同过程中表现了应有权利的行使,这不单单保护劳动者的应有利益,也肯定会对用人单位施加了一些压力,使用单位不断提高劳动者工资,也对企业稳定和健康的发展有了非常积极的意义。

以上情形,就是帕特利霞·H.威尔汉等人在《就业与员工权利》中描述的"角色应负责任和相互性"。[1] 根据相互负责任关系中的相互性原则,如果劳动者因为其在用人单位中的角色而需要向那个用人单位负责,这种应负责任也就假定了用人单位对其劳动者相应的应负责任。如果没有这样的相互义务存在,或者如果它们不受到尊重,劳动者对用人单位的应负责任也就弱化了。在这种关系中,两者都使当事人双方互相承担责任。[2] 这种关

---

[1] [美]帕特利霞·H.威尔汉等:《就业与员工权利》,杨恒达译,北京大学出版社2005年版,第106—107页。
[2] 例如,"美国机械工程师协会让其成员负责的权利是建立在会员对那协会的社团义务的基础之上的。然而,美国机械工程师协会也同样对其会员负有,而且应该负有责任。美国机械工程师协会对其会员应负的这种相应的责任,有一部分是通过严厉谴责冒犯者来坚持美国机械工程师协会标准的。这些做法不仅是要坚持冒犯者对美国机械工程师协会道德规范应负的责任,因为美国机械工程师协会意味着比警察部队更多的东西。更应该说,这个组织对全体会员有一种社团义务,其中一部分义务就是捍卫他们的权利。许多会员没有认真对待他们对协会的角色义务,也许部分原因是因为有些专业协会没有尽它们相应的社团义务"。[美]帕特利霞·H.威尔汉等:《就业与员工权利》,杨恒达译,北京大学出版社2005年版,第108页。

于角色应负责任的,在劳动关系中就意味着,劳动者与用人单位的关系是个人和个人组成的团体之间的社会关系,也是契约关系,是由当事人双方自愿形成,并可以自由解除的。如果劳动者对他们的用人单位负责,那么用人单位就也应该负责坚持协议规定的他那方面的角色,反过来应向其劳动者负责,尽管是以不同的方式。

劳动关系平等主要体现在劳动合同签约的阶段。在立法层面,不应该仅限于表面上双方对劳动合同的平等,因为双方的资金实力不可相提并论,实力强的用人单位可以在一定程度上割舍出经济利益的一部分,但劳动者做不到这一点,因为它关系到劳动者的基本生活和生存利益,在双方的对抗中,经常有劳动者作出让步。[1] 必须承认的是,用人单位往往依靠其强势有利的地位,在签订劳动合约时,使合同内容不利于劳动者,因此,在立法上更应该注意到双方之间的绝对公平,而不是平等的表面形式,但实质平等是难以实现的。劳动合同解除权是劳动合同的关键点,甚至从一定程度上来说,这种劳动解除制度本身就是要纠正由平等形式下而引起的实质的不平等。因此,如果因为缺乏信息的工作合同或者对工作合同中条款的误解,延续履行工作合同将损害劳动者的利益,这种时候,劳动者就能行使他们的合同解除权,扭转因为缔约时的不利地位导致的劣势,实现真正意义上的平等。

二、劳动者劳动合同解除权的法律特性

从法律特性上分析,劳动者劳动合同解除权的法律特性与劳动关系所具有隶属性、人身性、财产性等特征密切相关,或者说,是由劳动关系的这些

---

[1] 冯彦君:《民法与劳动法:制度的发展与变迁》,载《社会科学战线》2001年第3期。"在时间方面,雇主比雇员自由得多,如果现在不招聘,而是在三个月之后才招聘,雇主通常不会陷入困境。"[德]沃尔夫冈·多伊普勒:《德国雇员权益的维护》,唐伦亿等译,中国工人出版社2009年版,第1页。

特征所直接导致的和相对规定的。

(一)劳动关系的隶属性与劳动者劳动合同解除权

从劳动双方的人身关系来讲,用人单位与劳动者之间存在不能改变的隶属性,劳动者务必遵照用人单位的命令完成工作。理查德·海曼在《劳资关系:一种马克思主义的分析框架》中阐述了资本主义环境对劳动关系的性质产生了重要的影响:"最为基本的是,工作具有了工资——劳动力的身份,工作可以在劳动市场上找到;想当工人的人,必须找到一个愿意付给他工资或薪水的雇主,工人以其技能、知识或者体力的转让作为报偿。工作能力就像水果和蔬菜一样被买进和卖出(与水果和蔬菜不同的是,工人能够联合起来,而且有时可以为维护自己的权利而斗争)。"[1]

劳动关系这一属性,决定了劳资关系中的基本矛盾。一方面,雇员自然追求更高的工资和更好的工作环境,并且这是雇员过上体面生活的一种方式。对雇主来说这影响到生产成本,这会压缩雇主的利润,所以雇主必将抵制这种要求改善的压力。通常,为了招募和保留劳动力,雇主会自然接受工资和工作条件的某些最低标准。但这仅仅是雇主在一定范围内的慷慨,毕竟雇主要把劳动力算成是一种必须压缩到极限的成本,因为他们只有有利润可赚时,他们才会雇用一个必须上岗的工人。在资本主义工业中,工人们更多地被当做非人性化的"生产要素",极少时候才能被当做是具有特殊需要和期望的男人、女人。在雇主眼里,他们的劳动技能仅仅被当成在某些有限方面能给雇主带来有用性的东西。只要工人们被雇佣,他们的工作经验就被这种狭窄限定的有用性所主导。另一方面,却要求管理者应把这些分离的活动组织协调成为集体的努力。管理者发布命令和指示,并在这个过程中,要求雇员必然严格地遵守与服从。

---

[1] [英]理查德·海曼:《劳资关系:一种马克思主义的分析框架》,黑启明主译,中国劳动社会保障出版社2008年版,第12—13页。

劳动关系隶属性还导致了好多社会生产中的棘手问题。例如,在现实生产中经常发生由于用人单位的强行违章指挥,导致劳动者人身安全利益受到严重损害的现象。这个现象在英国每年夺去了3000名工人的性命,并使好几千名工人受伤。而且,那些可能降低这种令人恐惧代价的对策,常常受到雇主的全力抵抗。务必对这种情况进行有效的遏制,否则将不利于劳动关系长远、健康的发展。由此,劳动者劳动合同解除权适时形成了。按照中国《劳动合同法》规定,劳动者可以在受到用人单位强令违章指挥等严重损害自身合法权益时,不需要事先通知用人单位就可以即刻解除合约。客观来讲,法律赋予劳动者单方即刻解除劳动合约的权利,可以使劳动者在隶属性关系中更好地维护自身权益,还可以有效地与用人单位进行权益斗争,从而真正的平衡劳动双方的权利与义务。

(二)劳动关系的人身性与劳动者劳动合同解除权

随着劳动力的发展,出现了劳动合同,所以在劳动关系中的一方务必是劳动力的拥有者,换句话讲其本身应该要有劳动力。这就导致了劳动合同中一方务必是作为自然人而存在的劳动者。劳动关系得以建立,劳动合同得以订立并且得到履行的前提条件就是拥有劳动力的劳动者的存在。经过签订劳动合同并且建立劳动关系后,劳动者一方务必积极投入用人单位的生产、工作中去,作为此单位的一名员工,可以在单位内享受单位职工的权利,同时也要承担单位职工的义务。劳动者要遵照雇主的命令提供劳动,并且其劳动行为就是双方劳动合同标的要求,劳动者付出劳动其实就是双方劳动合同的目的。所以,劳动合同务必以特定的劳动者来履约。

劳动力的特征就是本身再生产。不管是雇员本身从生到亡的生命历程,还是劳动力再生产的必定要求,都要求雇员在劳动中予以解决。换句话说,雇员为雇主劳动时,雇主一定要为雇员提供和满足其自身和家庭的全部需要。那么,如果雇员的需求雇主不能提供或满足时,抑或尽管提供但是不能使雇员的基本需求得到满足时,雇员行使其劳动合同解除权就成为一个重要的选项。在这种情形下,雇员的劳动合同解除权使雇员可以自由地把自己从劳动合约中解救出来,规避了雇员受到所谓"卖身"合约的约束。尤其是,当雇主出现强令冒险作业等直接并且严重地威胁雇员自身安全的行为,劳动法赋予雇员能够即刻解除劳动关系的权利,这就是一道雇员维护自身人身权和生命权的最后保障,可以使劳动者在人身安全和生命安全受到危险或者直接侵害的时候即刻脱身。

(三)劳动关系的财产性与劳动者劳动合同解除权

工资或者说劳动报酬是劳动关系财产权的直接体现。工资债权是劳动之债,体现的是劳动价值,具有高度的社会属性。"工资是矿工出卖其自身劳动力的报酬,出卖自身血汗的代价,在没有全部得到前,沉淀在石场之资产部,但本应该属于矿工所有,不允许肆意剥夺,较诸土地增值税尤为显然工资具有绝对神圣性,必须予以保护,始足实现社会正义"。[1]

劳动者在劳动过程进行劳动,但劳动者劳动所产生的劳动果实是归用人单位所持有,劳动者本身并不能够直接获得劳动果实,劳动者本人也不以得到劳动成果为劳动的目的。工资不同于其他所得,需要通过立法使劳动债权得到优先于任何物权和其他债权的保护。

工资是劳动关系中连接劳动者与雇主的基本物质媒介,是劳动者生存权的基本内容之一,其直接作用保障劳动者的自然生存状态,即保障劳动者的生存权。由于这一权利涉及劳动者的生存,所以在劳动关系中受到特殊的保护,这在劳动者解除劳动合同权利上也得到了充分的体现。其中最为常见的,是《劳动合同法》第 38 条规定:如果用人单位出现没有能够及时、足额支付劳动者的工资的情况,这时劳动者就可以行使劳动合同解除权。与

---

[1] 王泽鉴:《民法学说与判例研究(第一册)》,中国政法大学出版社 1998 年版,第 513 页。

此同时,劳动者行使劳动合同解除权,同意劳动合同可以在用人单位的申请下进行解约,但是该用人单位必须依法给予劳动者一定数额的经济补偿。

第二节　劳动者解除劳动合同权的真实与自愿
　　　　——以协商解除为例

《劳动法》中规定,劳动者能够依法请求解除合约的权利,允许他们双方解除劳动合约,但是得事先和用人单位进行商量。用人单位在把一定的经济补偿支付给劳动者时,用人单位可以和劳动者提议解除与其之间的劳动合同。而劳动者主动提出解除劳动合同,用人单位同意的,后者就没有了支付经济补偿的责任。因此,在劳动者与用人单位协商解除劳动合同上有两个关注点:其中之一是法律给予的劳动者与用人单位商量解除劳动合同的提出权。剩余一点就是劳动者在提出解除权时,劳动者是没有任何责任的。

需要注意的是劳动者行使劳动合同协商解除权的真实性。既要防止劳动者提出权行使不能,更加要防止用人单位误导、引诱或者迫使劳动者提出解除劳动合同。对于前者,法律要保障劳动力流动的正常化;对于后者,法律则要制止用人单位打着劳动者提出劳动合同协商解除的旗号,行使其单方面解除劳动合同的情况,进而规避相关的法律责任。正如郑尚元教授在《劳动合同法的制度与理念》一书中所言:"不管是双方当事人中任何一方愿意解除劳动合同的,还是用人单位或劳动者一致同意解除劳动合同的,所有法律规范都体现如此精神——劳动合同可以解除,但是须符合法定条件。"[1]

一、劳动合同协商解除的民法渊源

用人单位和雇员合同的协商解除演变自民事合同的协商解除,来源于

---

[1]　郑尚元:《劳动合同法的制度与理念》,中国政法大学出版社2008年版,第243页。

民法上的"诚实信用原则"。这一"帝王条款"最初主要适用于债权法,逐步扩展至其他私法、公法和诉讼法领域。《劳动合同法》第3条第1款规定:每个人都应该本着合法、公平、平等自愿、协商一致、诚实信用的原则来签订劳动合约。

民事活动中的自愿原则是指在民事活动中,民事主体充分表达自己的真实意思、根据自己的意愿设立、变更和终止民事法律关系。自愿原则和平等原则相辅相成,自愿的前提条件是当事人的地位平等。因为当事人的地位平等,是指不同的当事人在思想意愿上是不同的,每一方当事人都不受另一方当事人意志的控制。自愿原则赋予了民事主体在从事民事活动中的意志自由,包含当事人有权依法从事某项民事活动抑或不从事某项民事活动的自由。换句话讲,当事人可以依照自己的意志和利益,决定是否行使某项民事法律行为,参加抑或不参加某项民事法律关系。"民事权利能够由主体在法定的范围里根据自身意志取得,也可以根据自身意志转移、抛弃;民事法律关系能够由主体在法定的范围里根据自己的意志产生,也可以根据自己的意志而变更、终止"。[1]

在自愿原则下,劳动合同协商解除应当体现出相当程度的自由,由于这是以自愿原则为出发点的,双方当事人为了充分体现其本人作为劳动合同主体的自由意志,对于自己的各项权利的选择和处置都有选择权。而且,当事人的自主选择还有自由意志的选择应当体现在整个协商解除过程中,并非限定在某一方面或者某一阶段,而是各种方位的自愿、整个过程的自愿。与此同时,协商解除也具有一定程度的灵活性,在形式上可以根据当事人的需要多样化,在内容上当事人对自己权益具有充分的自由处分权。在实践中,劳动合同的协商解除往往体现在两方当事人相互妥协的结果,是两方当事人合意的结论性意思。

---

[1] 王利明等:《民法新论》,中国政法大学出版1988年版,第59页。

协商解除体现的是在劳动关系中,双方当事人可以尊重自己的意愿,其实这就是在劳动关系中的双方都有自由的解除权。因此,雇主和雇员都可以选择适当的时机,根据自己的需要提出解除劳动合同的协商诉求。"与单方解除相比,协议解除的最大特点在于:不管是劳动者提出动议的协议解除还是用人单位提出动议的协议解除,该解除不受解除预告期限和限制解除条件的限制"[1] 也就是说,劳动合同的协议解除不受《劳动合同法》其他解除条款的限制和约束,劳动合同可以随着双方解除意愿的达成而进行解除。

解除的沟通方式可以由双方来进行商量,包括并不限于面对面协商、电话协商、通过电子邮件、传真、微信等方式进行沟通与协商。同样,双方当事人也可以选择协商的地点,既可以在工作场所内,也可以在工作场所外,还可以在劳动者家中等双方认为合适的地点。如果有必要,双方当事人可以选择第三人介入双方的协商,既可以选择第三人来主持双方的协商活动,也可以邀请其他有专业特长或一定社会地位的主体来参与协商过程。在劳动合同解除的协商方案上,当事人可以自己提出方案后,相互协商;亦可以在难以达成一致意见时,向第三方请求,让其提出建议性方案以供他们更进一步的进行协商。最终,两方当事人都能自主地决定是否同意协商解除方案,是否达成协商解除调解协议等。

二、劳动合同协商解除的劳动法认定

在英国法院实践中,如果员工是被迫辞职的,那么应该被认定是被雇主解雇[2]"但是假如还有其他因素如经济的诱惑影响员工的决策,法院就会

---

[1] 林嘉:《劳动法的原理、体系与问题》,法律出版社2016年版,第205页。
[2] Malcolm Mead, *Unfair Dismissal*, (4th edition), London: Longman, 1991, p.104.

认为该协议终止合同"。[1] 如果雇主仅仅暗示雇员另谋他处,则不能被认为是强迫解雇。[2] 在我国台湾地区,法律规定,当劳动双方的当事人同意解除劳动合约时,应该是以合约双方全无"劳动基准法"禁止性规定的情形,且意思表示一致,甚至在给予对价的情况下,才认定为真正的协议解除。即要对协议解除进行实际的审核、调查,才能得出是否根据这条就可以解除双方合约。

至于"双方同意",在意大利《劳动法》中的规定,更能体现协商解决在劳动法上的特性:"合同经双方同意,可以订立,也可以终止,大多数的法律评论员认为该通则也适用于劳动法。然而,需要注意的是,必须严格限制劳动合同终止的方式,因为这很容易被用来规避法律(关于禁止解雇的法律)的强制性的规范(如通知的期间、解雇的合法原因等),这种情况下,双方的同意无效。"[3] 如果合法的合同是固定期间的,或者,该合同存续了足够长的期间,雇主就不能以"履行不能"为由来终止或者协商解除该合同。就雇员而言,如果有法律上认可的"履行不能"的原因(服兵役、疾病、工伤事故、怀孕和产期等),也就排除了雇主通过"协商"解聘雇员的权力。

德国学者从理论上的阐述,更加清楚地表明了建立在"自愿原则"上的劳动合约务必受制于法律。工人养家需要赚钱,被迫在低资酬金的条件下提升自己的收入(例如,不停地加班),使自己能获得最低限度生活水平的标准。如果听任劳动市场自由发展,将会对雇员产生严重的后果。这一现象被经济学家们称之为"竞争悖论",我们必须采取以下两种互补的方式使这些弊端消除:第一种方式是国家干预,尤其是国家要以立法的形式介入干预。通过立法规定了雇主要给予劳动者最低工资,同时也对劳动者的工作

---

[1] 董保华主编:《劳动合同研究》,中国劳动社会保障出版社2005年版,第257页。
[2] Malcolm Mead, *Unfair Dismissal*, (4th edition), London: Longman, 1991, p.105.
[3] [意]T.特雷乌:《意大利劳动法与劳资关系法》,刘艺工等译,商务印书馆2012年版,第111页。

环境进行了说明,并且这些规定都不能低于国家法律中规定的最低限额。第二种方式是允许劳动者自救。换句话讲,劳动者有权采取行动来改善工资和工作条件。具体到劳动合同解除中,就需要限制那些看起来"自愿",实际上"被迫"的解除。在德国,除了国家立法外,集体合同、工会组织、企业职工委员会、监事会、雇员团体等都是维护雇员权利的重要形式,尤其是当雇员被"貌似合法"地解雇时。[1]

三、劳动合同协商解除的效力分析

"劳动合同方面发生的大量争议,很多是由于解除合同而引起的",[2]雇主与雇员如果能够通过商量都同意解除劳动合同,这将变成雇员在行使劳动合同解除权最成功的结果,这样可以节约社会成本、节约司法资源、维护社会稳定。只有双方当事人协商无果,沟通不成的情况下,才会考虑去劳动仲裁甚至上诉到法院。在我们平时生产中,要想没有争议的劳动合约解除,就得双方当事人商量好。这是因为双方协商解除劳动合同时,根据"法无禁止即自由"的理论,只要他们的行为不违法,他们的行为就是有效的,其他任何人不能以任何缘由进行干预。

协商解除表面上来讲,就是劳动合约双方已经商量好,对合约内容看法统一。其内在要求仍然是协议内容不能违反法律的强制性规定,这是合同法项下种类合同的一般属性。在现实生活中,解除协议内容超出法律的规定,但双方已经签字认可,当劳动者提出异议时,如何认定解除协议的效力是存在争议的。例如,协商解除劳动合同后发现怀孕,能否要求继续履行劳

---

[1] 参见[德]沃尔夫冈·多伊普勒:《德国雇员权益的维护》,康伦亿等译,中国工人出版社2009年版,第2页。
[2] 李援主编,全国人大常委会法制工作委员会行政法室编著:《〈中华人民共和国劳动合同法〉解读与适用》,人民出版社2007年版,第109页。

动合同？

北京某公司的一位女职工于 2012 年签订为期 3 年劳动合同,后因公司业务变动,该女工原先的工种取消。该公司提出了通过商量来解除公司与该女工的劳动合同。后经协商一致,于 2014 年 8 月 26 日签订《解除劳动关系协议》,用人单位按照规定向该女工支付了解除劳动合同经济补偿金及其他补偿。2014 年 9 月 15 日,女工到医院得知其已怀孕 12 周,遂应以签订《解除劳动关系协议》时不知道自己怀孕为由向当地的仲裁委员会提出仲裁申请,申请的内容就是要该公司接着执行与自己的原劳动合同,原用人单位不同意该项请求,仲裁委员会作出了不支持女工的裁决。[1] 仲裁委员会的理由是双方签订的《解除劳动关系协议》没有袒护到任何一方,因为用人单位支付了解除劳动合同的经济补偿金及其他补偿;该女职工对该协议本身的性质、后果等也没有误解,只是疏忽了自己怀孕的事实,故不属于重大误解。

这样的理由是比较牵强的。任何解除都得具有可支持性。并且,"疏忽"是有别于"不知道"的。"疏忽"是以知道或者应当知道为前提条件的。进一步说,"不知道"更加不同于"重大误解",因为后者同样要以"已经知道"为前提条件。因此,无论从劳动法保护劳动者的立法宗旨,还是从女职工在特殊时期的特殊保护来看,这样的仲裁裁决都是有待考证的。

雇主与雇员之间双方通过协商来解除劳动合同的基础,其实就是双方的权利平权。假如用人单位依据自身的优势,欺骗、胁迫或者变相胁迫劳动者签订不平等的条约,这些不仅都是与法律本意相悖而行的,也对通过协商解除劳动合同的法律效力有了很大的改变。

某劳务公司在 2014 年 1 月 13 日,与张某签订协商解除劳动合同协议书。因为之前,张某向该公司提出安排自己进行离职体检的要求,该公司负

---

[1] 参见王天任:《协商解除劳动合同后发现怀孕,能否要求继续履行劳动合同?》,载《工人日报》2016 年 11 月 24 日。

责人王某承诺签订协议后安排其进行体检,但是,王某在协议签订第二天就反悔了。张某通过向有关部门举报投诉后,该公司才统一安排张某进行离职体检。张某在2014年4月,被诊断为电焊工尘肺一期,并且经市劳动能力鉴定委员会于2014年12月10日鉴定为职业病致残程度七级。张某要求该公司从2014年1月13日起恢复与其的劳动关系。该公司以双方自愿协商解除劳动关系为由拒绝了张某的要求。[1] 对于本案,法院以"对于从事接触职业病危害的作业的劳动者,用人单位必须安排其在离岗前进行职业健康检查,该检查是用人单位的法定义务。即使是合意解除劳动合同,其也不得违反法律、行政法规的强制性规定"为由,认为双方协商解除劳动合同的行为无效,在张某职业病鉴定结果尚未得出前,张某和该公司的劳动合同不能随意解约。由于受到劳动能力鉴定对解除权的影响,张某和该公司的劳动合同并不能到期而终止。

这样的认识与裁判明显体现了"法定高于约定"的法律特性。雇主不能以双方协商的理由来"合理"的解除劳动合约。虽然劳动合约到期,但只要雇员没有享受到所有法律和合约规定的权利,劳动合约就不能以任何形式解除或者终止,即便是以"劳动者同意"的协商方法。

"显失公平"是民事活动中平等原则的另一个表现,是指双方当事人中一方利用优势抑或对方缺少订立合同的经验,在订立合同时导致两方的权利、义务有失公平的合同,该合同违背了平等、等价有偿的合同原则。从形式上来看,不平等的合同通常源于一方明显优越于另一方,且利用其优势或者对方的弱势、轻率、没有经验,或者对于合同的有关内容缺少认知的水平,又或者由于一些紧急的情况,其实并不是自己真正的意愿去默认了对方开出的合同条款。在大多劳动关系中,雇员很少有发言权,反而雇主不但有地位上的优势,还有专业知识上的优势,极易出现表面上合法合理实质上侵害

---

[1] 参见翁俊等:《"职业病"风险者离职前未体检,公司协商解除劳动关系有效否?》,载《上海法治报》2016年3月30日。

劳动者权益的协商过程。在内容上,显失公平的合同中某些明显对一方不利的条款,会导致当事人双方的权利和义务极不对等、经济利益上的不平衡。其中一方当事人得负担更多的义务而得到少数的权利抑或在利益上要蒙受巨大的损失,然而对方当事人能以很少的付出得到更大的收获,只需负担很少的义务就能得到很多的权利。

彭某在一家贸易公司干财务工作,一年后,彭某与公司签订了一份解除劳动合同的协议。双方约定:该公司在解除劳动合同后多付彭某一个月的工资4500元,彭某与该公司的权利义务及时终止。但是,彭某在收到公司给他的经济补偿金后,随向仲裁委员会申请仲裁。彭某说自己当时并不想与该公司解除合同,他是在该贸易公司派出三人与自己谈判的情形下签订解除劳动合同协议的,他是被迫的。该贸易公司需向他自己支付违法解除劳动合同的经济补偿金。仲裁委员会认为仅以"一对三谈判"的形势下签字的描述,证明不了该公司对彭某存在胁迫、欺诈的情况,驳回了彭某的仲裁请求。[1]

在与用人单位对峙中,劳动者无论是人身还是精神,抑或专业知识都处于弱势明显的地位,如果再在人数上以"一对三",还要说"公平"就很难令人信服了。结合本案的协议内容可以看出,某贸易公司通过所谓的协商解除(解除协议),达到了单方解除与彭某劳动合同的目的(支付一个月经济补偿金),又让劳动者丧失了依法维护自身合法权益的可能性。在这方面,我们必须坚持的是:"任何人在订立合同中不得以强凌弱,以大欺小,不得把自己的意志强加对方,签订'霸王合同'和不公平、不平等的合同。"[2]

何某是一家物业公司的保安。2015年7月29日物业公司与何某,签订了一份解除劳动合同协议。协议中双方约定:何某与该公司即日起解除劳

---

[1] 参见周建明:《协商解除劳动合同后,为何争议仍未了》,载《中国劳动保障报》2015年12月29日。
[2] 王利明等:《民法新论》,中国政法大学出版社1988年版。

动合同,权利与义务即刻终止,与此同时,何某许诺该公司不用负担此协议以外的任何费用和责任。但是,何某随后向仲裁委员会提起仲裁,原因是在2015年7月29日下午,该公司召集保安员开会,宣布了该公司和何某等保安所在工作的小区的物业管理合同已经到期,并且让何某和其他保安在解除劳动合同协议上签字。该事情的突发性,何某糊里糊涂地就签了解除劳动合同的协议。因此,何某认为该公司单方面解除与其的劳动合同,需要向自己作出经济赔偿。仲裁委员会认定该协议体现不了该物业公司向何某等保安进行过任何形式的补偿,违背了《劳动法》的宗旨,属于无效合同,何某的仲裁请求得到了仲裁委员会的支持。[1] 该案例中的物业公司在大会上宣布与何某等保安解除劳动合同,还以双方协商同意的形式让劳动者在协议上签字,进而免除了自己应当给劳动者支付经济补偿金的法定义务,是一种以合法形式掩盖违法目的,以显失公平貌似公平。全案过程从形式到内容都不符合我国劳动立法关于协商解除劳动合同的相关规定,应当受到法律的制裁,追究其应当承担的法律责任。

协商是在社会关系中寻求共识的重要方式,也是处理各类分歧的润滑剂。劳动关系双方当事人通过一起协商,以便就解除劳动合同找出解决办法,或者对解除劳动合同后的事项取得某种程度的一致或妥协。在协商中,双方或者一方的需求希望得到满足,双方或者一方的权益可能需要放弃。因而,协商的过程实际上就是寻找共同点的过程,是一种协调目标的过程。为了达到"互惠"的目的,我们强调协商过程的平等,但并不等于协商结果绝对均等。"一般而言,协商解除所产生的法律后果较之单方解除劳动合同的法律后果要轻。"[2] 说的就是这个道理。所以,在协商过程中让步,在协商结果一方获利多一些,另一方获利少一些都是正常的。

那么,当雇主与雇员双方当事人经过商量达成一致同意解除合同时,为

---

[1] 参见黄卉:《德国劳动法中的解雇保护制度》,载《中外法学》2007年第1期。
[2] 郑尚元:《劳动合同法的制度与理念》,中国政法大学出版社2008版,第245页。

什么会就一些合同外的事项提请劳动仲裁呢？张某 2016 年 10 月与某机械厂签订了《解除劳动合同协议书》，约定某机械厂一次性支付张某经济补偿 1 万元，双方就工作期间的劳动权利义务事宜以后不再争议。后张某向劳动人事争议仲裁委员会提起仲裁申请称，按照法律规定的计算方法和标准，自己应得经济补偿 1.2 万元，因此某机械厂应当再补发其 2000 元，仲裁委员会驳回了张某的仲裁请求。[1] 不难看出，就相关劳动关系事项提出仲裁请求是张某的权利，但对于双方已经签字认可的协议提出新的要求，并且寻求仲裁支持就有悖于"协商"的本意，也否定了"协议"的法律价值。

---

[1] 参见于海霞：《协议解除劳动合同后，男子提起仲裁被驳回》，载中国山东网。

第五章　劳动者劳动合同解除权的行使与保障

——以"提前告知"为例

与对用人单位劳动合同解除权的限制不同,劳动者劳动合同解除权在行使中更多的是遇到障碍,更加需要的是给予保障。

第一节　对劳动者解除劳动合同权的误读与保障

一、《劳动法》第31条与"卢某跳槽案"

1994年《劳动法》在第31条中对劳动者所享有的劳动合同解除权首次予以确认。《劳动法》实施两年后出现的北京市A水泥厂厂长卢某跳槽案具有标志性意义。无论是案件的审理过程和结果,还是社会各界对案件的反应与评说,都真实地反映出《劳动法》第31条在实施中的偏差,也现实地证明了劳动者劳动合同解除权在行使中并非易事。

(一)《劳动法》第 31 条的立法解读

立法一旦投入社会,社会成员进行多种解读是正常现象。在这当中,最接近立法颁布时间,并且直接参与该项立法者的解读可能更接近立法的本来意图。有学者认为,我国《劳动法》第 31 条的规定是劳动者在劳动合同终止前行使劳动合同解除权的普通情形。劳动者因为这一规定而获得了单方解除劳动合同的权利,也就是我们所说的辞职权。而法律规定的劳动者提前 30 日向雇主书面传达解除合同的意思表示,是劳动者行使该权利时的程序及条件,意思表示到达即生效,无论雇主主观上是否同意,均应为该劳动者及时办理离职手续。[1]

关于该条文更加权威和官方的解读体现在原劳动部在 1994 年 9 月 5 日颁布的《关于〈中华人民共和国劳动法〉若干条文的说明》中,该说明释明:劳动者提前 30 日向用人单位书面传达解除合同意思表示的程序是其行使辞职权的唯一条件,任何附加条件都不能阻碍劳动者行使该权利。[2]

虽然有如此清晰明确的解释与解读,但《劳动法》第 31 条甚至在立法过程中就不顺畅。时任全国人大常委会法制工作委员会副主任宋汝棼,记载了《劳动法》关于劳动合同解除的条款在全国人民代表大会常务委员会审议时的情形。从记载中可以知道,当时有人提出:在我国国家所有制企业中,工人和管理者的关系不同于西方国家中工人和资本家的关系,草案内容把工人与企业行政管理人员完全对立起来的思想是不恰当的,在中国广大工

---

[1] 参见黎建飞主编,程延园等撰:《〈中华人民共和国劳动法〉讲解》,中国政法大学出版社 1994 年版,第 100 页。
[2] 原劳动部办公厅 1994 年第 289 号发布的"劳动部办公厅关于印发《关于〈劳动法〉若干条文的说明》的通知"对各省、自治区、直辖市以及计划单列市劳动(劳动人事厅)厅(局)传达了这样的内容:自《劳动法》颁布以后,各级劳动部门在学习研究《劳动法》的过程中,多次向原劳动部询问《劳动法》中的一些具体条款的含义。为了帮助地方劳动部门学习、理解、贯彻《劳动法》,劳动部组织编写了"《劳动法》若干条文说明",此说明被印发给地方劳动部门,仅供他们内部参考。

人的目标与国有企业的目标在根本上是统一的。在解除劳动合同的条文中对企业规定了相当一部分限制条件,甚至还要征求工会意见或者与全体工人协商才可以实现;而工人这一方面解除劳动合同则没有任何条件加以限制,鉴于对工人和企业双方利益的考虑,征求工会意见的有关规定应当被删除,而且还要增加对工人解除劳动合同的限制条款。[1] 对于这些立法者在立法中的意见或许见仁见智,但最终他们对于"工人解除劳动合同不应当有任何条件限制"是达成了一致的。

有学者对这一条文正反两方面的解读做了阐述,明确《劳动法》第31条赋予了劳动者一个重要权利——无条件单方解除劳动合同,并让每个劳动者都知道,即便他签有一份劳动合同,他仍有单方解除劳动合同的权利,会给人们带来更多的机会,会使更多人因此而终身受益。不认同劳动者单方解除权的无条件性,否认劳动者因行使辞职权而须承担的违约责任之法律依据是《合同法》(已废止)。《合同法》第2条便规定了该法(已废止)的调整范围,《合同法》(已废止)的调整对象不包括身份关系,体现身份关系的契约"适用其他法律"。以劳动关系为基础签订的劳动合同显然具有人身关系的从属性,不属于《合同法》(已废止)的调整范围,应当受《劳动法》中关于劳动合同有关规定调整,此时《劳动法》即《合同法》(已废止)第2条所述的"其他法律"。因此,具有人身属性的劳动关系的解除导致的违约责任问题,不能适用于《合同法》的相关规定。公平原则是该学者不认同劳动者单方解除权无条件性第二个理由,他认为,在劳动合同期限届满之前,除了履行告知义务,劳动者可以在无任何附加条件的前提下单方解除合同,这种没有条件约束限制的解除权对于用人单位显失公平。但是事实上绝对的公平是不存在的,当鱼和熊掌的利益不可避免的出现冲突时,法律更多的是去追求实质的公平,对有利于公平最大化的情形予以肯定性的评价。劳动关系与

---

[1] 参见宋汝棼:《参加立法工作琐记(下册)》,中国法制出版社1995年版,第344页。

一般的合同关系是不同的,对公平问题的探讨不能仅仅局限于两个劳动关系的主体之间,应当将两者之间公平的取舍和法律保护的利益倾向问题着眼于整体社会的利益,充分考虑劳动关系的主体关系的变更在整个社会层面产生的影响。各国在制定劳动法时不可避免地要对劳动者的公平及用人单位的公平进行价值衡量,在此过程中,立法者应当考虑法律倾向保护何种公平能够追求的社会利益更多、更有利于社会整体发展,则此种公平的价值位阶应当更高。此外,若用人单位处理适当,劳动者无条件辞职的权利并不会给其带来巨大损失。一方面,提前30天进行书面通知是劳动者辞职的唯一前提,意在保证用人单位拥有充足的时间与劳动者完成交接工作并且寻找新的岗位替代者弥补岗位空缺。另一方面,在就业难的大背景下,即使劳动者能够无条件的单方辞职,劳动者也不会轻易行使该权利。用人单位应当从劳动者的辞职中反思其自身存在的不足,从而优化其管理团队。[1]

(二)《劳动法》第31条在"卢某跳槽案"中的遭遇

北京市A水泥厂隶属于北京某集团总公司,卢某于1994年初担任新线分厂厂长,聘任合同书的签订日期为1995年1月24日,任期至1995年12月31日。1995年11月13日卢某依据《劳动法》第31条的规定,向厂部递交了辞职报告,并于12月14日离开工厂。1996年1月10日,卢某在中法合资北京B水泥有限公司挂牌上岗任厂长。

北京市A水泥厂针对卢某的辞职行为仲裁委提交劳动仲裁申请书,该厂认为,卢某与该厂间的劳动关系合法,其单方解除劳动合同的行为无效。卢某认为,他自1993年产生辞职意愿开始多次向上司表达该意愿。现严格按照《劳动法》第31条规定,提前30天以书面形式通知用人单位解除劳动合同,辞职行为合理合法。

---

[1] 参见傅新洲:《对〈劳动法〉第三十一条理解——兼驳〈劳动法〉第三十一条应如何理解》,载中国法院网。

1996年3月29日,北京市房山区劳动争议仲裁委员会以《劳动法》第99、第102条为依据,裁决被申请人卢某于仲裁生效之日起5日内返回原厂工作,并裁决卢某与其1996年任职的公司向申请人赔偿经济损失共计163万元。[1]

卢某对上述裁决不服,于1996年4月19日向人民法院提起诉讼。因不承认卢某与他们建立劳动关系,北京B水泥有限公司不服第三人的裁定,也同时向法院起诉。1997年4月22日,北京市第一中级人民法院以(1996)一中民初字第1158号《民事调解书》,就"北京B水泥有限公司与北京市A水泥厂财产损害赔偿纠纷案"和(1996)一中民初字第1159号《民事调解书》,就卢某与北京市A水泥厂终止劳动合同纠纷案结达成调解:北京B水泥有限公司给付北京市A水泥厂经济等补偿金76万元;卢某于调解书生效后3日内回北京市A水泥厂报到,并给付北京市A水泥厂经济补偿金4万元。

一起劳动者严格按照《劳动法》第31条行使劳动合同解除权的案件以这种方式结束,不能不令人错愕!虽然这两份调解书都使用了"经本院主持调解,双方当事人自愿达成如下协议"的字样,但这样的"自愿"有几分是自愿?这样的"调解"既不是本来意义上的调解,也没有使得事情朝着与法律规定相符合的方向发展。卢某按照《劳动法》第31条的规定行使劳动合同解除权的行为本应得到法律的认可和支持,得到司法的保障和维护,却事与愿为,事与法违。好在这种与法相悖的结果不是法律和事实的最后结果,而是卢某本人称之为"有惊无险的解救之旅",卢某从此走上了"人生的精彩"。[2]

更让人错愕的还有社会各界对于该案涉及的法律条款的各自解读。有

---

[1] 参见林衢:《"卢亮出走"冲击波——对一起厂长出走事件的追踪采访》,载《中国人才》1996年第11期。
[2] 参见田悦等:《大型策划纪实类栏目〈水泥人生〉系列六七:卢亮印象》,载《中国水泥》2015年第7期。

专家认为,就卢某辞职的时间来说,高级人才的流动既要合法又要合理,卢某辞职的时间对之后任职的单位是合理的,但是对之前任职的用人单位是不合理的。A 水泥厂党委副书记张小平认为,其提起仲裁的主要目的是通过这一方式防止国有企业人才的流失,维护国企的利益,而非为了获得 100 万元的经济赔偿。他认为 A 水泥厂对卢某的人才培养是付出大量成本的,而 B 水泥有限公司付出少量的成本就能获得高级人才的劳动成果,这对 A 水泥厂是显失公平的。徐树理作为北京市劳动仲裁委负责人在评析该案件时认为,劳动者流动过程中已经出现各种问题,国家应当考虑制定一些规则来应对这些问题,特别是那些国家花费了很高的成本培养出的高薪的高级技术人才,国家应该制定更为严格的法律法规来规制他们的流动,并且他建议对于前述人才应当采取同足球运动员转会的有偿流动方式。当时的主流观点认为,在处理诸如此类的人才流动案件时《劳动法》的规定是有局限性的,会让当事人觉得"理不申,义不明,气难平"。该观点认为卢某的辞职行为适用《劳动法》第 31 条的规定是不合理的。因为根据《劳动法》第 31 条的规定对卢某的辞职行为在法律上进行肯定性的评价,认定该行为合法,会最终导致用人单位的合法权益遭到损害,因为那些高级人才是用人单位花费了很大的成本培养的,如果他们可以"随意"离开原用人单位,这显然不利于公平正义的体现。[1] 关于该案件的观点关怀的评析是最有权威性的,他认为卢某作为分厂厂长,该职位特殊的职务性质使得其离职应当符合不同于一般企业职工的更为严格的要求。在对《劳动法》第 31 条进行解析时,应当区分一般劳动者与担任重要职务劳动者,在此区别下,卢某的离职是不符合《劳动法》的。[2]

几年以后,冯彦君在一篇公开发表的文章中再次探讨了卢某案,他认为虽然并没有法律规定能够将卢某的辞职行为认定为违法,但是在研究劳动

---

[1] 参见王光亚:《对"卢亮出走"一案的思考》,载《中国人才》1996 年第 9 期。
[2] 转引自人大报刊复印资料《经济法学·劳动法学》1997 年第 5 期。

者的辞职权问题时,有必要区分一般劳动者与担任重要职务劳动者,就两种不同情形区别对待[1]。不过,冯文还是强调"我国《劳动法》第 31 条的规定是劳动者单方解除劳动合同的一种类型,属于无条件的一般性解除"。并且认为,在适用《劳动法》第 31 条时,应当强调保护劳动者的立法理念与立法目的,该条文不仅体现了保障劳动者自由流动的立法目的,更是对劳动者意思表示自由落实的保障与对劳动者人格独立的维护。该规定以提前告知的程序防止劳动者滥用辞职权,在赋予劳动者自由解除合同权利的同时维护了合同效力。

上述解读符合当时的需求,也短暂地阻断了卢某的劳动合同解除之旅,但这样的阻断是以违反《劳动法》第 31 条为代价,因而也是不合法的。尽管专家们认为在某些情形下坚持适用《劳动法》第 31 条是不合理的、有失公平的,建议在讨论该条文的适用问题时,区分一般劳动者与担任重要职务劳动者两种不同情形。但是法律就是法律!在法律没有修改或者废除之前,无论是专家,还是法官都应当,也只能严格遵循法律条款的明确规定,认同、维护和保障劳动者行使劳动合同解除权。在这项权利上,在《劳动法》第 31 条的语境下,坚持劳动者解除劳动合同的"无因性",坚持劳动者"行使劳动合同解除权是无条件"的,才能有效保障劳动者的劳动合同解除权,才能使《劳动法》从立法文字变为法律现实。

二、《劳动合同法》第 37 条在"王某辞职案"中的困境

《劳动合同法》第 37 条承续的是《劳动法》第 31 条的规定,却在《劳动法》31 条的基础上增加了关于试用期的规定,如果该劳动者想解除劳动合同而他恰好又在试用期内,那么他必须提前通知用人单位他要解除劳动合同,

---

[1] 参见冯彦君:《解释与适用——对我国〈劳动法〉第 31 条规定之检讨》,载《吉林大学社会科学学报》1999 年第 2 期。

提前的时间是 3 天。该条文的最后一句缩减了劳动者的权利,或者说,该条文增加了劳动者在试用期内行使劳动合同解除权限制条件。在《劳动法》项下,该法先在第 21 条规定了劳动合同可以约定试用期,接着在第 25 条,用人单位也得到了针对劳动合同解除权,只是该权利是只适用于试用期内不符合条件的劳动者。显然,根据劳动法的基本原理,劳动者在试用期内行使劳动合同解除权也是不需要提前通知的。因此,在《劳动法》第 31 条规定了劳动者的劳动合同解除权的一般情形后,紧接着就在《劳动法》第 32 条第 1 项中规定在试用期内的,对于劳动者来说,劳动合同解除权是可以随时行使的权利。

  《劳动合同法》的立法期间里,全国人大常委会数次通过向社会公布《劳动合同法(草案)》的方式,向全社会公开征求意见。在先期公布的《劳动合同法(草案)》中,劳动者在试用期内行使劳动合同解除权也是不需要提前通知的。例如,在《中华人民共和国劳动合同法(草案)》(征求意见稿)(全国人大常委会 2006 年 3 月 20 日公布)中,第 36 条第 1 款仍然表达了这样的意思:在试用期内想结束劳动关系的劳动者可以在任何时间通知用人单位他要解除劳动关系。2007 年 4 月 24 日,全国人大法律委员会提请审议的《劳动合同法(草案)》第三次审议稿第 37 条再次做出了同样的规定。在当时愈演愈烈的"单保护"(保护劳动者的合法权益)还是"双保护"(保护劳动者和用人单位的合法权益)之争中,[1]代表雇主或者说用人单位利益的呼声日占上风。《劳动合同法》必须对"双保护"做出让步,《劳动合同法》第 37 条最终以提前 3 日告知为前提条件,赋予劳动者试用期内的劳动合同解除权。便是这种让步的产物之一。

  立法文字或许可以一写了之,但用在实践中却可能是步履维艰的困境。例如,原告王某诉被告某速递有限公司劳动争议纠纷一案。原告王某诉称,

---

[1] 参见吴晓锋:《劳动合同法草案:单保护还是双保护》,载《法制日报》2006 年 4 月 12 日。

其通过市职业介绍服务中心信息发布窗口获得该速递有限公司招聘收派员的信息,与该快递公司订立了一份为期为一年的劳动合同,于 2016 年 4 月 1 日正式进入速递公司负责快件收派,每月工资 4000 元,试用期一个月。但王某从上班第一天起,除了周日上午不用分货外,无任何假期,每日工作时间从上午 7:30 到晚上 8:30,公司从不计算任何加班,也不支付加班工资。4 月下旬,王某出现身体不适,向公司表明其解除劳动合同的意愿,同时公司要求王某提交书面的辞职申请。不料王某写好书面申请后就生病未来上班,到上班后向公司递交解除劳动合同申请时,已经是 4 月 29 日了。此时,公司以王某未能"在试用期内提前 3 日通知用人单位"为由,不同意王某的劳动合同解除申请。王某为此提起劳动仲裁。市劳动人事争议仲裁委员审理后认为,现有证据足以证明原告与被告之间存在劳动关系,双方的劳动合同不但是真实的,而且是有效的,所以应当予以维护。原告王某要求解除双方的劳动合同是在劳动合同约定的试用期内,必须依据相关的法律规定才能终止双方劳动关系,也就是说王某必须提前 3 天通知速递有限公司。现因王某通知速递有限公司的时间已经不足 3 天,未能成就法律规定的条件,故驳回了原告的仲裁请求,双方继续履行劳动合同。王某对该裁决不服,向法院提起劳动诉讼,请求法院支持其解除劳动合同的请求。

  在本案审理过程中,受理该案的法院遭遇了难以逾越的法律障碍:如果支持王某的诉讼请求,就会违反《劳动合同法》第 37 条的规定,原因在于事实上,王某并未提前 3 天通知他的用人单位他要解除劳动关系。如果驳回王某的诉讼请求,则将使王某接下来无所适从,因为王某虽然没有成就"在试用期内提前 3 日通知用人单位"的条件,但其解除劳动合同的请求的确是在"试用期内"提出的。如果不支持王某在试用期内解除劳动合同的请求,则将王某带入了劳动合同非试用期,新的问题由此产生:如果按照非试用期解除劳动合同要求王某,则王某需要提前 1 个月提出解除劳动合同申请。这显然与法律的规定不符,也与双方劳动关系的现在状态不吻合;如果继续按照试用期解除劳动合同的规定来要求王某,则同样是既与法律的规定不符,也与双方劳动关系的现在状态不吻合。无论何种情况,劳动者的解除权都会落空,或者至少是陷入困境。

与卢某不同,王某所面临的不是人们对法律的误读,而是法律本身存在的逻辑陷阱。对此,只有通过法律的修改,通过对《劳动合同法》第 37 条关于试用期内劳动者解除权的规定重新立法,才能使劳动者在这一事项上的劳动合同解除权得以实现,才能保障劳动者在试用期内能够完整有效地行使自己的劳动合同解除权。

第二节 劳动者"提前告知"解除劳动合同的完善与建议

一、我国劳动者"提前告知"解除劳动合同中存在的问题

我国《劳动法》第 31 条规定了劳动者单方面预告解除劳动合同的规则,《劳动合同法》第 37 条也对我国劳动者单方预告解除劳动合同做出了规定,该制度的立法本意是赋予劳动者除提前通知义务外不加任何附加条件的随时解除合同的权利。但在现实生活中,许多争议均是由劳动者行使预告解除权而引发的,究其根本是因为相关制度需要从以下几个方面加以完善。

(一)预告解除制度无差别地适用于所有劳动者

我国劳动者预告解除权的法定预告期分为两种情况,一种情况是在试用期内的预告期为 3 日,另一种情况是除试用期外的其余劳动关系存续期间,无论劳动者提供何种劳动、居于何种职位、离职对用人单位产生何种影响,其行使辞职权的预告期均为 30 日。显然,针对不同技术水平、不同职位层级劳动者行使预告解除权,用人单位需要采取的相对应的措施之难易程

度、耗费的时间长短是不同的。企业在30日预告期内解决高级技工以及身居重要岗位的工作人员的离职带来的岗位空缺问题显然是不容易的,这些工作人员的离职甚至会影响到整个企业的生存与发展。而我国关于预告期的规定忽视了上述差异,对所有劳动者试用期外的所有情况统一适用30日的预告期,虽然保障了劳动者独立自由的意志,能够促进劳动力的自由流通,但是在一定程度上对企业造成的负面影响也会对我国经济的发展造成负面的影响。

(二) 预告解除制度无差别地适用于所有劳动合同

在我国劳动法中,劳动合同有三种类型:它们分别是以完成一定工作为期限的劳动合同、固定期限劳动合同和无固定期限劳动合同,前两类劳动合同的存续期间是确定的或者相对确定的有限期间,以下的论述限制在固定期限劳动合同范围内。固定期限的劳动合同产生的劳动关系虽然存续期间都是有限的,但是期限的长短却因事、因人各异。法律将固定期限之劳动者单方解除权的法定预告期均不加区分的设定为30日是与基本法理不相符的。

在契约理论中,契约一旦生效即对当事人双方产生约束力,契约主体应当严格遵守契约的内容,充分履行各自的义务,不允许擅自改变契约内容或者解除契约关系。当且仅当情势发生变化,即使履行义务合同目的仍不能实现,双方方可行使解除权。劳动合同显然属于广义契约的范围,法律在对劳动合同进行规范时,应当遵循基本的契约理论。在缔约过程中,双方对劳动合同即将约定的劳动关系存续期限是可以提前预见的,尤其是固定期限劳动合同的劳动关系存续期限,合同双方主体在能够预见的前提下自愿对该期限作出承诺,既是对主体行为的约束,亦是对双方信赖利益的保障。若允许劳动者突破契约的约束随时终止既定的劳动关系,显然会破坏用人单位基于契约所产生的信赖利益。而不同的契约会产生不同的信赖基础,由此解除权所破坏的信赖利益亦有不同。同属于固定期限劳动合同,但其期限不同产生的信赖基础也不同。忽视上述不同对所有固定期限的劳动合同不加区分的适用30天预告期显然是不合理的。

(三)缺乏劳动者不当使用预告解除权的法律责任

目前,我国法律虽然明确规定了劳动者因未依法行使预告解除权应承担的法律责任,但对于劳动者因其不当行使解除权应当如何向用人单位赔偿损失并没有明确的法律依据。劳动合同成立后,合同条款对双方当事人就产生了约束力,此约束力是被法律所认可的。即使因为劳动关系的特殊性,法律会向劳动者保护方面有所倾斜,但倾斜保护不能无视用人单位因法律所认可的约束力而产生的信赖利益,不能为了追求实质公平的同时给用人单位造成过多的不公待遇。劳动者无视劳动合同之约束力,滥用单方预告解除权利,却没有明确的法律对此行为进行纠正、追究劳动者的赔偿责任,这种做法非但没有实现劳动法立法宗旨所追求的实质正义,反而成了对用人单位的逆向歧视。

(四)试用期内的预告解除制度规定过于笼统

依据《劳动法》的法律条文可知,具有长短不同的劳动期限的劳动关系所对应的试用期的长短也不同。我国《劳动法》中关于试用期内预告解除权之预告期的规定并没有像关于试用期的规定一样区别劳动合同期限分别加以规定,而是笼统的以30日概之。就用人单位而言,招聘工作本身会付出一定的时间和金钱成本,同时考虑到用人单位空缺的岗位对人才本身的需求以及基于劳动合同产生的信赖利益等,各方面的各种直接成本与机会成本使得劳动者行使解除权,即使是在试用期,对用人单位的影响都是不容忽视的。

二、国外劳动者预告解除劳动合同的法律范式

(一) 采用"合并式"立法体例

这里的"合并式"立法旨在为劳动者与用人单位创造一个相同法律环境,使他们双方享有的权利和履行的义务是基本对等的、实质平衡的,即劳动关系主体双方在行使解除权时处于平等地位。意大利、日本、法国等国家均采用这种立法体例。[1] 合并式的立法体例可以体现出立法者对雇员和企业或者机关进行实质上的平等保护之态度,而且维护了劳动关系主体双方的利益平衡,是劳动法追求双方间的实质平等的具体体现。

(二) 明确预告解除制度的适用范围

通过考察其他国家或地区的立法可以看出,劳动者预告解除制度并不适用于该国或该地区的全部劳动合同。比如我国台湾地区的"劳动基准法"只赋予无固定期限合同的劳动者、劳动合同期限在3年以上的劳动者适用预告解除制度,[2] 对于合同期限在3年以下的劳动者是不享有预告解除权的。

除此之外,还有一些国家一个劳动合同是否适用预告解除制度要看它是固定期限劳动合同还是无固定期限劳动合同。在这些国家,预告解除制度是不适用于固定期限劳动合同的。而将预告解除制度仅适用于无固定期限的劳动合同并没有在很大程度上缩小该制度的适用范围,因为在这些国家,劳动者与用人单位签订无固定期限合同是十分常见的,只有在特殊情况

---

[1] 《日本民法典》第626条和第627条相关规定。
[2] 我国台湾地区"劳动基准法"第15条规定:"特定的超过三年的固定期限劳动合同,劳动者可以在满三年后,行使终止劳动合同的权利,但是应当提前三十天通知用人单位。无固定期限劳动合同,劳动者终止劳动合同时,应当依照第十六条第一项的规定提前通知用人单位。"

下法律才允许其签订的劳动合同为固定期限。以法国为例,适用固定期限合同的法定情形仅限于:"1.临时增加的活动;2.因雇员休假、生育、患病或其他未到岗的情况导致岗位空缺需要有人替代时;3.该合同的签订是为了解决某类失业人员的就业问题;4.临时性工作或季节性工作。"[1]同时,法国预告解除制度还规定:签订无固定期限劳动合同的劳动者若想与用人单位解除劳动合同,仅需履行预告义务即可随时终止与用人单位之间的劳动关系。

(三)对预告期进行不同种类的区分

在域外立法例中,以类型化分类的方法对预告期进行设定也是比较常见的。但是各个国家的分类标准各异。例如,亚洲巴林的《劳动法》在第107条中规定了预告期的分类标准为获得报酬的方式:以月工资结算方式获取报酬所对应的预告期为30日,以其他方式获取报酬的劳动者所对应的预告期为15日。《德国民法典》以工种和工龄两个标准区分不同的劳动关系,从而对应设定其法定预告期:工种分为工人与职工,预告期分别为2个星期、1—6个月;工龄即在同一企业连续提供劳动的时间以5年、10年、20年、50年为界限,在上述年限以内相应的预告期长短为:1个月、2个月、3个月、6个月。在我国台湾地区在签订3年以上固定期限劳动合同中对该期限的长度做了细化,不同长度短对应10—30天的不同的预告期。以上的分类方法考虑到了不同劳动者之间各自的特性,以行业类型或者劳动期限为分类标准,对于各标准之下的不同类型的劳动者,预告期的时间长短也是不同的,这样一种规制不仅维护了劳动者的利益,也兼顾了用人单位的利益。我国有的省份,例如安徽,在地方性立法中一定程度上借鉴了类型化分类的方

---

[1] 郑爱青:《法国劳动合同法概要》,光明日报出版社2010年版,第86页。

法,允许当事方对预告期进行适合于劳动者个体差异的合同约定。[1]

(四)预告期内包含找新工作的时间

对于解除无固定期限合同的劳动者,国外立法在设置预告期长短时通常会考虑到劳动者寻找新工作的求职时间。在预告期内为辞职者预留求职时间能够提高劳动者再就业可能性,是劳动法基于对劳动者倾斜保护的考虑而作出的规定。匈牙利、土耳其、卢旺达的劳动合同预告解除制度都包含了这样的理念,法律规定劳动者采用预告解除方式终止劳动合同时,用人单位在不扣减工资的前提下,应当为劳动者预留必要的时间,以方便劳动者实现再就业。

三、完善我国劳动者预告解除劳动合同的建议

(一)将不同类型的劳动者区别规定

充分考虑不同行业不同类型的劳动者差异,对劳动者进行分类,从而对各类型的劳动者进行分别规范是符合法理与国际立法趋势的。劳动法规范劳动者辞职权时对于不同技能、不同职位的劳动者不能一概而论,将其统一概括为弱势一方进行同等程度的倾斜保护。有些掌握稀缺技能的工人、对单位的日常生产经营甚至未来发展战略都举足轻重的管理人员,这些人的离职对用人单位也会产生不容忽视的实质性的影响,他们就不是弱势一方而是强势的一方。因此,在设计劳动者预告解除制度中,应当结合对劳动者不同类型的划分标准,例如,以职位、技能等级、工资标准、岗位的可替代性

---

[1] 参见《安徽省劳动合同条例》第13条规定:"劳动者应当保守用人单位商业秘密。用人单位可以在劳动合同或保密协议中与涉密的劳动者就解除劳动合同的提前通知期做出约定,提前通知期不得少于30日。"

等因素为依据对劳动者所享有的预告解除权进行不同规制。

至于劳动者的分类标准,按照劳动者在同一企业提供劳动的期限为划分标准是较为科学的一个选择。劳动者在同一企业就业的时间长短与该劳动者对该用人单位的影响程度、被依赖程度成正比,与该劳动者所在岗位的可替代性成反比。而对于预告期长短的确定,应当充分考虑不同长度预告期的经济效应与社会效应。

(二)限制适用于无固定期限劳动合同

当下,无论是《劳动法》对于劳动者通过预先告知来解除劳动合同的制度的规定,还是《劳动合同法》对于劳动者通过预先告知来解除劳动合同的制度的规定,都赋予了劳动者过于随意的辞职权。这样大范围地授予劳动者单方解除权容易导致劳动者滥用劳动合同解除权,甚至随意违约,继而使用人单位的信赖利益受到损害。基于诚实信用原则,即使劳动者有行使预告解除权的自由,也不能与用人单位的信赖利益产生太大的冲突,因为此信赖利益是基于依法签订的有效劳动合同而产生的。对于无固定期限劳动合同中的劳动者,若法律未授予其解除权,则劳动者就没有单方终止劳动关系的法律依据,不利于对劳动者权益的保障及劳动者自由意志的实现。而固定期限的劳动合同对劳动者自由流动的限制是相对的,劳动者自由意志保障应当以合同约定的劳动期限为限。因此,笔者认为劳动者的预告解除权的适用范围应当被限制在无固定期限合同范围内。

(三)法律对滥用预告解除权的劳动者有所惩戒

只有在固定期限合同解除情况下才可以适用违约金,劳动者基于过错,应当承担向所在用人单位支付违约金的违约责任,该违约金可看作对于用人单位基于合同约定期限而产生的信赖利益的补偿,例如,寻找岗位替代人员的补偿以及用人单位对劳动者工作期间的培训费用。但是上述违约金的设定应当结合用人单位的合理之处,并且充分地考虑劳动者的薪金水平。

关于违约金在有因预告情况下的适用问题,即使劳动者预告解除劳动合同是"有因的"或者具有"正当理由"的,用人单位因其本身的原因造成的损害也应被排除在外,除此之外劳动者仍应当承担用人单位基于该解除行为而受损的赔偿责任。对于"正当理由"的举证责任,由劳动者一方承担较为合理,这也符合民事法律中"谁主张,谁举证"之原则。

关于劳动者因滥用预告解除权而应当承担的法律责任问题,北京市相关方面的地方性法规已经做出比较完善的规定,可以起到很好的立法示范作用。[1]

---

[1] 参见《北京市劳动合同规定》第19条规定:"违约金数额相当于劳动者未履行与用人单位之间的劳动合同期限与劳动合同约定之年限的比例,乘以双方约定的违约金数额,但总数不能超过员工半年的工资总额。"对于恶意跳槽的劳动者,用人单位可以同时向劳动者主张"劳动者若不提前30日通知,则需要支付相当于劳动者离职前一个月工资的半数作为代通知金。"

第六章 劳动合同解除权行使的法律后果

　　因行使劳动合同解除权而导致的劳动纠纷逐年增多,常见的大概有如下两类。第一,劳动合同解除后的行为给对方造成损害,例如,劳动者利用在原用人单位获取的商业情报换取不正当利益从而给原用人单位造成重大损失;用人单位因不及时为劳动者办理离职手续、档案转接手续以及社会保险交接手续影响劳动者的再就业。第二,劳动合同解除后的经济补偿问题,如果义务方拖延或者拒绝向劳动者给付经济补偿金、违约金或赔偿金,劳动者将会面临失业带来的巨大压力甚至生活陷入困境,这对社会的稳定具有消极影响。

第一节　劳动合同解除权的法律后果之后合同义务

一、劳动合同解除权法律后果之后合同义务的要件

(一)劳动合同解除权的法律后果之后合同义务的存在依据

劳动合同关系并非局限于劳动合同约定的提供劳动期间的静态关系,而是随着合同履行情况不断发展的动态的过程。在劳动合同约定的提供劳动或服务期间,劳动关系主体双方均须依法或依约履行义务、承担责任。而在劳动合同终止后,基于诚实信用原则,双方的权利义务关系并未随着合同的终止而全部消灭,一些后合同义务仍然存在,仍需双方当事人去履行,履行的方式可能是作为也可能是不作为。

劳动合同效力终止以后,劳动者与用人单位之间仍然存在着一些未尽事宜需要双方处理,虽然此时双方当事人之间的劳动关系已经解除,但是基于这些未尽事宜的权利义务关系仍然存续。例如,为了保障用人单位的商业秘密不被侵犯,掌握原用人单位项目策划、技术秘方等商业机密的劳动者应当履行不出卖商业信息的不作为义务。为了保障劳动者自由择业和顺利再就业,原用人单位有义务为选择辞职的劳动者及时办理离职的所有手续。劳动合同解除之后会产生一系列的后续问题,如果后合同义务被及时履行,那么这些后续问题将会被很好地解决,真正比较彻底地使一个劳动关系走向完结。

(二)劳动合同后合同义务的成立要件

第一,有效合同是后合同义务成立的基础和前提。无效合同对双方当

事人的约束力不受法律的认可,因此基于无效合同而产生的权利义务关系不属于法律予以肯定性评价的范围,即不受法律保护。自然而然无效权利义务关系终止后也不会产生后合同义务。因此,后合同义务产生的前提条件是以法律认可的权利义务为内容的有效合同的存在。

第二,有效合同已解除。合同义务伴随着合同从成立到解除的全过程。例如,合同成立之前对应义务为先合同义务,未尽该义务所需承担的责任为缔约过失责任;合同生效后对应的义务为履行义务,未尽该义务所需承担的责任为违约责任。

当合同解除时,若合同关系主体仍有未尽事宜需要处理,那么此时的终止仅限于合同内容中所载明的权利义务关系的消失,当事人之间仍有一些义务需要履行,此时的解除是合同的相对终止。若随着合同的解除权利义务全部消灭,亦不存在因诚实信用等原则而发生的后合同义务,那么合同关系彻底终止。所以说,合同的相对终止是后合同义务存在的条件之一。

第三,后合同义务的不履行将会造成相对人的损害。后合同义务与合同双方当事人的利益密切相关,未能履行或者未能及时履行后合同义务,必然会对合同主体造成损害,例如:(1)信赖利益的损害。当事人因合同产生的信赖利益与合同的义务一样伴随着合同从成立到终止的全过程,由过程合同理论可知,信赖利益会延续到合同终止后。而当事人后合同义务履行不能或不完全,无疑会对相对人的信赖利益带来消极影响。(2)现实利益的损害(直接和间接)。后合同义务与合同约定履行事项的善后工作紧密相连,若未能完成善后工作,势必会对合同双方当事人造成人身损害或者财产损害。

第四,后合同义务须以诚实信用原则和交易习惯为依据。根据《民法典》第558条之规定,后合同义务是遵循诚实信用原则,按照交易习惯产生的,如果依据诚实信用原则和交易习惯不必然产生的义务则不是后合同义务。

二、劳动合同解除权后合同义务的内容

当前我国《民法典》只是提及了后合同义务,对于后合同义务的具体规定并不详细。而后合同义务是关系着劳动关系主体双方信赖利益和现实利益的重要义务,只有在法律上对其进行明确的规范,才能引导双方积极履行后合同义务,减少因后合同义务而引发的争议与损失,保障社会的和谐稳定。基于后合同义务的法理基础与现实基础,劳动合同法应当在以下几个方面对后合同义务予以具体的规定:

(一) 用人单位的后合同义务

1. 办理退工相关手续

退工证明是劳动者在原单位工作经历的一个缩影,记载了该劳动者在原单位任职的岗位、提供劳动或者服务的种类、提供劳动或者服务的年限、职务职称等信息,是原单位对劳动者在劳动合同终止之前的工作所作出的客观的记录及证明材料,是劳动者再就业时新的用人单位了解该劳动者各方面能力的重要依据之一,对劳动者的求职具有重要的影响。在当前社会管理制度下,档案与社会保险文本是劳动者在需要的时候,顺利享受到社会福利的重要凭证,对劳动者的生存和发展具有不可替代的重要意义。

基于上述重要性,《劳动合同法》第50条规定了用人单位办理出具退工证明、办理社保关系和档案转移等退工手续的义务,同时该法第89条规定了若用人单位不履行第50条规定的第一性义务时,所应承担的第二性义务,不履行办理退工手续对劳动者相应的赔偿责任以及被劳动行政部门责令改正的责任。

2. 保存劳动合同文本

根据中华人民共和国《劳动合同法》第50条第3款的规定,用人单位有

义务妥善保存劳动合同 2 年。劳动合同载明了用人单位和劳动者的权利义务,是解决双方纠纷的有力凭证,也是国家机关调查劳动关系的重要审查资料之一。无论是基于劳资双方关系的协调,还是国家对于劳动关系的管理,保存劳动合同文本的义务都是必不可少的。

(二) 劳动者的后合同义务

1. 结束并告知相关事务

从离职的劳动者对于之前任职的岗位工作的熟悉程度来看,原单位的其他工作人员是无法将其替代的。劳动者在离职时必须尽到忠实义务,将其手头应当完结的工作妥善完结,不能完结的工作妥善处理,并将自己的完成情况具体的、真实的告知原单位负责交接的人员。

2. 移交相关的财物和资料

劳动者在劳动合同解除时,对原归其保管的物品,在交接前负责继续保管。在劳动合同解除后,返还因公占用的公务资料,退还因工作需要用人单位为其提供的员工宿舍或者职工住房。

3. 继续保守商业秘密

劳动者对其在劳动关系存续期间所得知的用人单位商业秘密,在劳动合同解除后一定期限内应当继续保密。同时,劳动者应当遵守法律法规中关于禁止同业竞争的规定。

4. 赔偿用人单位的损失

劳动者辞职时没有依照法律规定行使权力或者存在过错,或者劳动者在劳动合同存续期间给用人单位造成损害的,而且损害的是用人单位的信赖利益或者现实利益,那么,劳动者就应当赔偿用人单位的损失,赔偿的标准是按照法律规定或双方约定。

第二节　劳动合同解除权法律后果中的经济补偿

劳动合同解除后的经济补偿,在学界统称为"三金",即经济补偿金、赔偿金及违约金,并不是一个专业的法律术语,是我国劳动法体系中具有制度特色的特有的概念,常出现在各学者的文献著作中。虽然三者均属于劳动合同解除后以金钱给付为方式的经济补偿,但各自的特性均不相同。下面针对三者不同的性质与基本定位分别进行论述。

一、"三金"的性质和适用

(一)经济补偿金的性质和适用

从经济补偿金的历史沿革来看,各国立法例对此补偿金均有提及,但是对此类补偿金的称呼各不相同。例如,德国对此定义为"离职补偿金"(severance pay),[1]法国对此定义为"解雇费"或"辞退补偿金"。[2] 我国曾经规定过"生活补助费",[3]它与现行《劳动法》中的经济补偿金的功能不完全相同,仅是经济补偿金的雏形。此后,随着《劳动法》将该类补偿金定义为"经济补偿"后,《劳动合同法》及其实施条例均继续使用了这样的表述。然而在我国学术界多数人还是习惯于使用"经济补偿金"这一名称,也有一些学者用"辞退金"这样的名称。[4]

---

[1] 颜辉:《中国工会·劳动关系研究:2008》,中国工人出版社2009年版,第224页。
[2] 王益英主编:《外国劳动法和社会保障法》,中国人民大学出版社2001年版,第217页。
[3] 《国营企业实行劳动合同制暂行规定》第23条:"劳动合同制工人因合同期满或属于第十二条(二)项和第十五条规定情况,解除劳动合同时,企业应当按照其在企业工作年限,每满一年发给相当于本人标准工资一个月的生活补助费……"
[4] 林嘉主编:《劳动法评论》(第一卷),中国人民大学出版社2005年版,第15页。

"离职补贴"(severance allowance)是国际劳工组织在《雇主提出终止雇用公约》中对经济补偿金的称谓,根据该公约规定,除雇员的行为具有重大过错给雇主造成损失的,雇员被雇主解雇时,雇主应当依据该雇员的工龄与薪金水平,向雇员支付离职补贴或其他福利,该补贴或者福利的资金来源可由雇主自己承担,或者由雇主购买的基金支付。[1] 部分学者认为"经济补偿"就是指:在劳动合同终止的时候,劳动者依法从用人单位获得的一笔钱,可将其称作"离职费""遣散费"。[2] 目前,我国劳动法律规定的经济补偿形式主要为法定经济补偿和约定经济补偿(即竞业限制经济补偿)。

关于经济补偿的性质,目前国内学者的主要观点并不统一,劳动贡献补偿说认为,之所以要有经济补偿,是因为劳动者在用人单位的劳动贡献[3]。法定违约金说认为,经济补偿金的性质是雇主因破坏约定而依照法律对雇员支付的违约金,雇主在没有正当理由的情况下解除合同,雇主是违约的。法律并没有赋予雇主随时解除劳动合同的权利,所以这种行为需要由行为者负法律责任。

社会保障说认为,劳动合同的解除与企业的经营以及离职员工的再就业息息相关。劳动者在企业就职时一定程度的承担着企业的经营风险,而劳动者行使解除权解除劳动关系后,失业本身亦具有风险,经济补偿金体现了企业对员工在就职时转嫁给员工风险的一种公平责任的分摊。该学说认为经济补偿金能够维持离职员工的生存利益,从而保障员工自由择业的独立意志不受经济因素的干扰,体现了一种社会保障功能。在国际劳工组织公约中关于经济补偿金可与社会保障项目替代选择适用的规定就体现了该补偿金的社会保障性。但问题是,社会保障金不是经济补偿金的全部内容,

---

[1] Convention Concerning Termination of Employment at the Initiative of the Employer (Termination of Employment Convention, 1982), Article12 (1),(3).
[2] 王全兴,管斌:《劳动法学》(第2版),高等教育出版社2008年版,第202页。
[3] 参见栗占荣:《经济补偿:无固定期限劳动合同的法律问题》,载《广西青年干部学院学报》2001年第3期。

经济补偿金不仅具有社会保障功能,还具有其他如惩罚教育功能、预防功能等,所以,我认为经济补偿金并不等同于社会保障金。

一方面,就"社会保障金"与"经济补偿金"的资金来源来说,"社会保障金"是集合劳动者、用人单位以及社会三方的经济支持,发放机构也是具有公共职能的机关;"经济补偿金"无论是资金的直接来源还是补偿金发放者均是用人单位本身。因此"社会保障金"并不能涵盖"经济补偿金"。另一方面,该学说认为经济补偿金的主要目的是缓解劳动者失业期间的生活压力,解决其基本生存问题,但是这与将工龄作为经济补偿金的计算标准之间并没有内在的逻辑关联。此外,二者的适用范围也是不同的,社会保障金的适用范围比经济补偿金广,经济补偿金仅适用于法定的特定失业者,而社会保障金的救济范围却包含了所有劳动者。

用人单位帮助义务说认为,经济补偿金是国家以立法形式要求用人单位承担的义务,是用人单位在劳动者被动解除合同这一最需要帮助的时候给予资助[1]。在这里面有一个非常关键的问题得到了应有的重视,即:"劳动关系的终止并非劳动者所愿。"劳动者在不情愿的状态下离职,那么他们离职后的无业状态应当得到法律的救济,此时,由用人单位向劳动者给付的经济补偿金无疑具有帮助性质。

该学说的关键是解释了经济补偿金的适用范围为何不包括劳动者主动辞职或严重违纪排除的情形。经济补偿金的本质与法定违约金是不同的,前者体现了解雇保护性质,是国家通过法律加在用人单位身上的义务,旨在帮助那些迷茫无助的失业者,给他们提供暂时的经济方面的帮助;而后者则是因为用人单位违约而发生的,它的性质是违约金,是一种惩戒形式。此外还应注意,用人单位提供的此种帮助跟社会保障是不同的,前者主体是用人单位在劳动者无业状态下提供帮助,后者则是社会公共部门对全体劳动者

---

[1] 参见董保华主编:《劳动合同研究》,中国劳动出版社 2005 年版,第 267—270 页。

的合法权益予以强力保护。然而该观点也存在不足之处,例如,该观点无法释明经济补偿金为何将工作年限与月工资作为其计算标准、为何终止合同仍需给付该补偿金。

(二)违约金的性质和适用

我国民法中的违约金是当事人预先达成一致的意思表示,相互承诺违约行为发生后方才生效的,因其违约行为所应承担的独立于履行行为之外的金钱给付,是一种违约责任形式。[1] 虽然合同法的违约金制度是劳动合同违约金制度的渊源,但究其法的属性及价值取向,二者并不相同。相对于合同法的私法属性,劳动合同法体现了社会法属性,劳动合同制度下的违约金是指以劳动合同约定的违约责任为依据,违约当事人应当向劳动合同相对人给付的金钱。

民法中的违约金以补偿性违约金为主,双方当事人就违约行为可能造成的损失数额进行约定,当合同当事人违约行为发生后且给相对人造成损失时,违约方以合同约定的违约内容为依据向合同相对人补偿损失。惩罚性违约金不以弥补非过错方损失为目的,而是以惩罚违约方的方式来确保当事人按照约定内容履约,因其具有惩罚性,所以约定的金额通常比非违约方的实际损失金额要高。[2] 孔祥俊认为,以我国《合同法》114条为依据的违约金制度并不具有惩罚属性,仅仅体现了赔偿性质。[3] 王利明教授认为,否认违约金具有惩罚性质就会使其与损害赔偿金相混同从而丧失独立存在的价值,因而,违约金具有惩罚的性质,且以三种形式而存在。[4]

与民事合同相比,劳动合同具有其特殊的属性,无法完全体现契约的平

---

[1] 参见董保华:《论劳动合同中的服务期违约金》,载《法律适用》2008年第4期。
[2] 参见王利明:《违约责任论》,中国政法大学出版社2000年版,第625页。
[3] 参见孔祥俊:《合同法教程》,中国人民公安大学出版社1999版,第482页。
[4] 参见王利明:《民商法研究》,法律出版社1998版,第517页。

等自由[1]。对于劳动合同违约金是兼备惩罚性与赔偿性还是仅具赔偿性,学者们有不同的观点。我们认为,《劳动合同法》对劳动者因服务期内违约而应承担的违约金数额进行了限制,要求劳动者因服务期内违约而应承担的违约金不得超过用人单位用于培训该离职劳动者的费用。从该限制内容可以看出,用人单位对该单位员工进行培训是为了让该员工为用人单位提供更高质量的劳动,而劳动者在服务期内违约离职显然使得用人单位用在该离职劳动者身上的培训费用受到了损失,法律规定的不超过培训费用的违约金仅够用人单位对上述损失的赔偿,显然不具有惩罚性质。而《劳动合同法》中关于违反竞业限制约定的违约金却没有限定数额范围,根据法无禁止即自由的法理,该类型的违约金既可以小于违约者给工人单位造成的损害,也可以大于该损害。当双方约定的违约金大于违约者给用人单位造成的损害时,则该违约金就带有惩罚的意味了。从我国《劳动合同法》对两种违约金的规定内容可以看出,我国劳动合同中的违约金制度既具有补偿属性又具有赔偿属性。

(三) 赔偿金的性质和适用

赔偿金在我国民法领域等同于损害赔偿,是指过错当事人以其财产弥补因其故意或过失之行为对相对人之权益造成损害的一种民事责任。[2]

劳动法领域的赔偿金虽然通常指的是有违法行为的过错当事人向因过错而受损的无过错当事人承担金钱给付的赔偿责任,就赔偿金的性质而言,根据《劳动合同法》关于赔偿金的规定不仅赋予赔偿金赔偿性质,还赋予其惩罚性质。就赔偿金的使用情形而言,分为两种情形:一种情形是基于矫正劳动者在劳动关系中的弱势地位的法定赔偿金,此种赔偿金更多地体现惩罚性;另一种情形是基于弥补用人单位因过错而给劳动者造成损失的补偿

---

[1] 参见问清泓:《劳动合同法制度与实践研究》,湖北人民出版社2011年版,第260页。
[2] 参见栗娟:《合同解除所生损害赔偿研究》,载《人民司法》2007年第3期。

赔偿金,此种情形下用人单位支付的赔偿金更多体现的是赔偿性质。

二、"三金"的基本定位

(一) 经济补偿金的基本定位

经济补偿金体现了解雇保护的理念,以立法的形式去规范雇主行使劳动合同解除权,对被解雇的劳动者之利益在法律上予以特殊照顾,从而劳动关系和谐存在。在法定经济补偿制度中,对于经济实力处于强势的用人单位而言,法律对其解雇行为进行严格的规范从而防止其榨取廉价劳动力,让企业在寻求更廉价的劳动力的同时付出一定的成本代价,即解雇成本。

用人单位的解雇成本中加入了经济补偿金,使得用人单位解雇劳动者时不得不考虑更多,迫使用人单位只有在解雇成本低于解雇利益时才会做出解雇决定,在一定程度上限制了用人单位随意或经常解雇劳动者、在一定程度上解决了劳动合同短期化的问题。法定经济补偿金制度的存在,用人单位在决定解雇劳动者前做出事前的警示,在作出解雇决定后对用人单位作出时候惩罚,都通过鼓励企业长期雇佣从而稳定劳动关系。在限制竞业限制的经济补偿制度中,我们都会认为劳动者有义务保守其在用人单位工作期间所获知的商业秘密,这是基于诚信原则,但法律不能忽视这样一个问题:劳动者因保守商业秘密而牺牲掉了一定的择业自由。这就是设置经济补偿金制度的重要意义,只有对劳动者进行补偿才能合理有效地协调合同双方之间的利益平衡。

(二) 违约金的基本定位

关于违约金制度,在我国《劳动合同法》正式颁布之前有两种学说纷争:任意违约金说和禁止违约金说,而《劳动合同法》确立的是适用范围仅限于竞业限制与服务期违约的限制违约金。该违约金制度为了追求实质公平，在一定程度上、相对的牺牲了双方当事人约定违约金的自由，体现了社会本位的价值理念。

一方面，虽然《劳动合同法》以法律的形式限定违约金的适用范围，一定程度限制了劳动合同主体的意思自治，但是我们可以想象在现代社会中失去工作对一个劳动者来说意味着什么，一个被解雇的劳动者是相对弱势的一方，《劳动法》作为一部具有社会法属性的法律，自然会对处于弱势地位的劳动者进行保护，这样才能矫正二者的不平等的地位，达到相对平等；另一方面，对于竞业限制的违约金虽然一定程度的牺牲了劳动力流动的自由，但在此情形下的劳动者握有作为企业发展命脉的商业秘密，对劳动者的再就业进行限制和规范有利于社会经济的健康发展，体现社会本位。因此，限制违约金制度是一项既能平衡劳动关系主体地位及利益又能实现社会整体利益公平的制度。[1]

(三) 赔偿金的基本定位

虽然民法中的民事合同损害赔偿理论是劳动合同赔偿金制度的渊源，

---

[1] 典型案例：企业与劳动者签订的劳动合同约定，员工离职前，未提前30日书面通知要支付赔偿金，这样的规定是否合理。近日，市劳动人事争议仲裁委员会受理一起案件，某公司要求李先生支付未提前30日申请离职的赔偿金3000元。劳动人事争议仲裁委员会认为，约定属于无效约定。李先生2016年1月入职某公司，当时双方签订了劳动合同，合同期限从2016年1月至2018年1月。同时该劳动合同约定，李先生解除劳动合同应提前30日书面通知公司，如果未提前通知，滞后一日按李先生一日工资累计补偿给公司。2017年4月，李先生要求与公司解除劳动关系，之后便未上班。近日，该公司向市劳动人事争议仲裁委员会提出仲裁申请，请求李先生赔偿未提前30日申请离职的赔偿金3000元。市劳动人事争议仲裁委员会认为，依据《劳动合同法》第25条之规定，除违反服务期约定和违反竞业限制约定两种情形，用人单位不得与劳动者约定由劳动者承担违约金。本案中，虽然该公司与李先生在劳动合同中约定，如果李先生未提前30日书面通知解除劳动合同应当支付相应的违约金，但是该约定违反上述法律的强制性规定。因此，某公司与李先生劳动合同中的上述约定属于无效约定。不过，在此提醒广大用人单位，如果劳动者在用人单位无过错的情况下突然离职，给单位造成的损失是可以要求劳动者赔偿的。参见《员工突然离职 劳动合同约定要给公司赔偿是否有效？》，载中国江苏网。

但劳动合同法因其自身的特征并不属于民法领域。虽然关于该赔偿金制度之性质定位问题争议颇多,但其较大程度上体现了国家劳动争议问题的干预,因此具备公认的公法属性。该制度通过设置惩罚性经济赔偿和补偿性经济赔偿,从而强制增加用人单位侵犯劳动者权益的成本,规范用人单位行为从而保护劳动者的经济利益与人身权益。

三、"三金"之间的关系

由以上分析可知"三金"的性质功能以及基本定位各有不同,而三者之间具有什么样的关系,在劳动合同的解除问题中三者能否重叠适用,我国《劳动合同法》并没有明确的规定,现有的规定只限于一些个别情况。

(一)经济补偿金与违约金

经济补偿金是不同于违约金的,它们区别体现在以下四个方面:(1)从二者的产生渊源来看,经济补偿金是由法律强制规定的,而违约金则是由当事人在劳动合同中依法约定的;(2)从二者计算依据中的时间因素来看,违约金的计算与违约行为发生之日至履约之日或支付违约金之日期限有关,赔偿金的计算与劳动者在该用人单位提供劳动的年限有关;(3)从二者的制约对象来看,经济赔偿金只涉及有过错的用人单位,违约金对劳动合同双方当事人都有约束力;(4)从二者适用的法定条件来看,各自均有不同,且违约金的适用范围是限制在竞业限制与服务期违约两方面。在服务期违约的情形中,过错方仅为劳动者,此时并没有用人单位承担经济赔偿的事由,因此二者的适用并不冲突,只让劳动者承担违约责任即可。而在劳动者竞业限制违约的情形中,相应的违约责任就应当由劳动者来承担,但是在这种情况下企业是否还需要向违约劳动者支付经济补偿金就成为问题;若企业在该工人离职时没有支付经济补偿金,工人离职后如违反竞业限制的约定,此时工人是否需要支付违约金也成了问题。

(二) 经济补偿金与赔偿金

经济补偿金的数额可依法确定,也可以依劳动合同确定,而赔偿金的数额则只能依法计算;在给付的条件方面,经济补偿金的给付条件是用人单位合法行使劳动合同解除权,而赔偿金则是企业违法解除劳动合同时应当承担的赔偿给付责任[1]。因此,二者的性质、计算依据和适用条件均不相同,不能混淆适用。在《劳动合同法》第87条规定的情形下,二者能否重复适用,《劳动合同法实施条例》第25条给予了否定的回答[2]。

(三) 违约金与赔偿金

违约金和赔偿金都是违约责任的承担形式,在具体案件的适用中不可避免的会有交集。二者的区别在于是否发生实际的损失,对于赔偿金,只有非过错方因过错行为受到了现实损害,过错方才会承担给付赔偿金的责任;而对于违约金而言,即使违约仅为未造成损失,违约行为本身也足以让违约者承担违约金[3]。

在合同法的理论中,如果适用补偿性违约金,当非过错方的损失超过违

---

[1] 参见彭小坤:《劳动合同单方解除制度研究》,法律出版社2009年版,第232页。
[2] 参见《劳动合同法实施条例》第25条:用人单位违法解除劳动合同的,依据《劳动合同法》第87条支付了赔偿金的,不再支付经济补偿。赔偿金的计算年限自用工之日起计算。
[3] 典型案件:货车司机骑车下班受伤,就职公司赔11万余元。周某是益阳运输公司分公司员工,从事大客车驾驶工作,未签订书面劳动合同,也未购买工伤保险。2015年5月,周某骑电动车在下班途中发生交通事故致腰部受伤,被认定为工伤,伤残等级鉴定为八级。周某向益阳市劳动人事争议仲裁委员会申请劳动仲裁。仲裁委员会裁决解除双方的劳动关系,并由益阳某运输公司分公司支付周某各项工伤保险待遇和经济补偿金。公司不服,诉至法院。益阳中院审理认为,由于益阳某运输公司分公司未为周某购买工伤保险,周某应享有的工伤保险待遇应全部由公司负担。公司应支付周某停工留薪期待遇、护理费、一次性伤残补助金、一次性工伤医疗补助金等各项工伤保险待遇共100,303.5元;双方的劳动关系解除,益阳某运输公司分公司支付周某经济补偿金17,439.5元。参见杨珑等:《解除劳动合同经济补偿等诉求多》,载《三湘都市报(长沙)》2017年8月5日。

约金时,受害方仍可以请求过错方就未弥补部分承担赔偿责任。对于违约金和赔偿金二者适用时存在冲突的情况,我国法律并未明确规定如何选择。因为我国立法将违约金的适用范围限制在竞业限制和服务期违约两种情形之内,所以可以知道劳动者是违约金的承担主体,当违约的劳动者因其违约行为致使用人单位利益受损时,用人单位在请求赔偿的问题上就此二金应当如何选择,笔者在下文中进行论述。

第三节 劳动合同解除权法律后果与经济补偿制度的完善

一、劳动合同解除权法律后果相关规定的完善

(一)平衡劳动者与用人单位的后合同义务责任

根据《劳动合同法》的规定,只要违法行使了劳动合同解除权,无论是劳动者还是用人单位,均需为此向对方承担赔偿责任。用人单位的经济补偿责任的赔偿范围是以法定的工龄及月工资等计算标准计算出来的,虽然月工资在之后出台的《劳动合同法实施条例》中将奖金等都囊括其中,但是总的来说用人单位的赔偿范围都要受到法定标准的限制。

劳动者作为劳动关系中公认的弱势一方,法律应当从以下三方面以限制其赔偿范围的方式矫正其弱势地位:(1)考虑到企业因劳动者不当行为受损的经济利益分为直接损失利益和间接损失利益,其中间接损失较为模糊,无法将致损责任明确的归结为劳动者且无法精确计算的准确的金额,因此应当将该间接损失排除在赔偿范围之外;(2)即使是只考虑直接经济损失,某些情况下高额的经济损失会影响到经济实力处于弱势的劳动者的生存权,因此,法律应当对该赔偿金额进行一定比例的限制;(3)将用人单位组织

招聘费用以及对劳动者的培训费用纳入劳动者的赔偿范围是不合理的,应当对其进行严格的限制。一方面,因招聘工作而发生的费用应当属于企业的正常经营管理费用,管理费用由员工承担不合理;另一方面,劳动者为该用人单位提供了一段时间的劳动,招聘培训工作的受益是双向的,不限于劳动者单方,因此,由劳动者承担不合理。

(二)劳动者的保密义务应当法定化

商业秘密作为用人单位的核心竞争力直接影响企业的生存与发展,是企业的经济命脉。基于诚实信用原则以及维护社会经济的稳定与发展,法律都应当将劳动者保密的义务法定化,对用人单位的商业秘密予以特殊保护。这种法定的保密义务无论劳动者辞职与否、是否收到企业的保密费用,均应当无条件遵守。

(三)完善劳动者后合同义务中的竞业限制规定

《劳动合同法》对用人单位违法解除劳动合同行为有惩罚性规定——应当向劳动者支付相当于双倍经济补偿金数额的赔偿金。而在企业违法终止合同的情形下,被辞退的员工是否仍应履行竞业限制的约定并无法律依据。竞业限制的约定涉及企业的经济利益和员工的择业自由,而违法终止合同情形的多样化会对竞业限制产生不同程度的影响,从而对企业和员工的利益亦造成不同程度的影响。为了协调二者相冲突的利益,法律应当对此问题作出明确的规定。

因此,完善劳动关系解除后的后合同义务,一方面能够解决劳动者离职后给企业造成的岗位空缺、商业秘密外露的困扰;另一方面能够矫正劳动者的弱势地位,有力保障其合法权益。完善的后合同义务不但能够平衡劳动关系主体双方的利益,而且能够协调劳动关系的稳定与劳动力的流动之间的矛盾。

二、我国劳动合同解除权中"三金"制度的完善

劳动关系的和谐稳定对我国经济的健康发展具有重要的影响,而合理处理劳动关系解除带来的争议是正确处理劳动关系的重要内容之一。完善法律制度能够有效调整劳动关系,规范劳动合同解除行为。将法学理论与实践相结合,借鉴域外先进的立法例进行制度完善是很有必要的。

(一)劳动合同解除后经济补偿金的适用问题

1.禁止法定经济补偿金由双方协议处分

首先,经济补偿金制度的适用不能通过劳动关系主体双方协议的方式被排除,原因在于劳动者与用人单位天然存在的不平等的地位,劳动法作为社会本位法必须对其进行矫正。若是任由市场规律对其自行调节,该不平等地位不可能改变;只有通过法律强制倾斜保护劳动者的权益,才能使劳动关系主体享受实质的公平待遇。因此,经济补偿金是法律强加给雇主的法定帮助义务,体现了法律的强制性,不能通过法律关系主体的协商而免除适用。[1]

其次,关于双方就补偿金金额达成的协定是否有效问题,应当视情况而定:若双方共同认可的补偿金额高于根据《劳动合同法》计算得出的数额,并且该项约定与经济补偿金的帮助目的是一致的,则该协议是有效的;反之,若约定金额小于法定金额,则有以合法方式实现逃避法定帮助义务目的的嫌疑,可能使经济补偿金的相关规定流于形式,该约定的效力是不能被肯定的。虽然最高法的司法解释对此问题进行了一定的立法处理,但是从用人单位的角度来考虑,以立法形式禁止双方私自确定补偿金数额可以有效地

---

[1] 参见丁宇翔:《经济补偿金、赔偿金及其他〈劳动合同法〉实施后经济补偿的法律适用》,载《法律适用》2009年第1期。

避免员工恶意反悔。

2.细化法定经济补偿金支付标准

我国《劳动合同法》是以社会为价值本位的,这就决定了其立法目的是保护劳动者、追求实质公平、稳定劳动关系。在我国社保体系健全的大环境下,想要实现《劳动合同法》的制度价值,矫正劳动者的弱势地位,法律强制规定了高于域外经济补偿金的支付标准。虽然从宏观角度看,我国现有的经济补偿金制度总体上对劳动者进行了倾斜保护,一定程度上有效维护了其合法权利;但是该制度的规定略粗,没有结合劳动者之间的个体差异对各类型的劳动者分别进行不同程度的倾斜保护。因此,笔者认为,应当从以下几个方面细化经济补偿金的标准:

(1)关于计算标准中的工作年限应当再次细化。我国现行的计算标准以年为计算单位过于概括,忽视了1年的时间范围内不同维度的劳动者对企业创造的经济利润的差别。笔者建议,在计算员工为企业提供劳动的时间时,对于不满1年时间的零头也不能忽略,应当按月份计算时间。这样对时间标准的细化有利于更深层次的、在不同劳动者之间的具体层面实现实质公平。

(2)关于计算标准中的薪金水平应当结合劳动者具体情况差别设置。就最高支付限额而言,不仅应当针对高报酬员工设置限制,普通员工也应当有与其相对应的限额,才能达到实质平等。此外,在工作年限相同或相近劳动者中可以将年龄作为一个子标准对工龄相同或相近的劳动者再次进行细化。补偿金具有帮助的性质,中老年员工再就业显然比中青年困难且生活负担也较重,在劳动力市场中竞争力较弱。因此,用人单位应当对在工作年限同一标准层级下的劳动者中竞争力较弱的劳动者提高其帮助义务的程度。

在各国的立法例中,英国将年龄作为细化经济补偿标准的依据之一,强调对不同竞争力的失业者提供不同程度的法律帮助,但是却忽视了员工为企业提供劳动的贡献值,此标准在我国国情下并不适用。[1] 法国将工龄作为经济补偿金的计算标准之一,该国的供应不区分是否为同一企业提供劳动,将劳动者的全部工作年限统称为工龄来计算经济补偿金,这样的计算方式忽视了劳动者为具体的某一企业作出的贡献,而重点考虑了劳动者为社会整体作出的劳动贡献,让某一企业为整个社会的贡献买单显然不合理。[2] 德国关于经济补偿金的计算标准全面结合了离职员工的年龄以及在同一企业提供服务的年限,为高龄劳动者提供较多的经济补偿,是能够体现以人为本思想的适合我国国情的值得我国借鉴的域外立法例。[3]

3. 完善竞业限制协议的解除程序

竞业限制制度是平衡企业核心竞争力与离职员工自由择业权的制度工具,当企业认为离职员工掌握的该企业的商业信息不再是商业秘密时,可以解除竞争限制的协议。

限制竞争制度本身就在一定程度上干预了劳动者的再就业自由选择权,因此,为了弥补劳动者为了"保密"而牺牲掉的权益,用人单位在解除劳动合同后应当注意以下几个方面来协调与劳动者的关系:(1)在用人单位认为即将解除劳动关系的劳动者掌握的商业信息不再具有重大影响力时,应当在劳动关系终止之前及时地与劳动者以书面形式解除竞业禁止协议,避免使劳动者在择业自由方面做出不必要的牺牲;(2)在签订竞业限制协议时,应当明确该协议的终止条件;(3)在离职员工履行竞业限制义务的过程中,原服务企业将保密事项公开的,该企业应当对离职员工增加经济补偿。

此外,在以下几个方面规范竞业限制协议的解除程序:在协议解除权的行使方式上,借鉴德国与法国的书面通知的明示方式;在通知预告期方面,

---

[1] 参见[英]史蒂芬·哈迪:《英国劳动法与劳资关系》,陈融译,商务印书馆2012年版,第260—267页。

[2] 参见[法]居伊·蒂利埃:《劳动政策》,宁泉译,商务印书馆1995年版,第111页。

[3] 参见[德]W. 杜茨:《劳动法》(第5版),张国文译,法律出版社2005年版,第68页。

我国现有规定不超过两年,相比如今科技的飞速发展,2 年时间过长,容易失去规范的意义。[1]

(二)劳动合同解除后违约金的适用问题

1. 服务期违约金的主体适用范围需扩大

如今企业为了更好地发展越来越重视人才的吸收和培养,人才竞争已经成为如今市场竞争的核心,人才对企业的重要性越发明显,为企业提供服务与劳动的员工已经不能被一概而论的全部成为弱势一方。有些劳动者因为有极强的专业能力,成为各用人单位求而难得的人才,他们甚至能对一个企业的生存发展产生影响,这些劳动者是相对强势的一方,对他们而言用人单位反而是弱势的,这一类劳动者可以被称为强势劳动者,有必要把这类劳动者纳入服务期违约金的适用范围内。但是,如何界定该类强势群体是一个亟待解决的问题。

而有学者认为,于出资培训服务期的劳动者而言,特殊物质待遇的劳动者范围难以准确界定,因此,我国现行的制度只将前者纳入违约金适用范围而未将后者纳入,从操作层面来看是合理的。但是笔者认为,强势劳动者的范围还是可以界定的,在司法实践中,只要恰当行使法官之自由裁量权,对该类强势劳动者的界定在操作技术上是可做到的,对该类型的员工适用服务器违约金制度是符合违约金严格限制原则的,不能仅因为界定存在难度就将该类型的劳动者排除在服务期违约金的适用范围之外。对该类型的违约金数额的限制应当以该员工实际上已经享受到的上述待遇换算的经济利益为限。

2. 平等化用人单位和劳动者的违约金适用

尽管劳动合同违约金制度和经济补偿金制度二者在一定程度上可以限

---

[1] 参见侯玲玲:《离职后竞业限制经济补偿争议之裁判标准》,载《法学》2012 年第 9 期。根据侯玲玲的观点:"可以在提前 60 天通知劳动者或者提前支付 2 个月经济补偿的条件下行使。"

制劳动关系双方滥用权利损害对方利益、破坏契约精神的不当行为,使双方利益相对平衡,但是以上"二金"的性质不同、力度不同,仍然不足以给双方的权益提供平等保护。由于劳动者通常的弱势地位,法律应当向劳动者有所倾斜,鉴于此,《劳动法》应当将用人单位加入违约金制度适用的主体范围。

在服务期违约金的问题上,用人单位的义务是提供培训,劳动者的义务是在服务期限内为企业提供劳动。而用人单位的义务在先,劳动者的义务在后,且劳动者义务的履行以用人单位义务的履行为前提。因此,在此种违约金项下不存在用人单位违约的情况。而对竞业限制违约金而言,用人单位与劳动者各自的义务几乎是同时履行的:前者按月为后者给付补偿金,后者按月遵守相关约定。此时,当用人单位违约应当承担何种责任法律并未明确规定。

根据相关司法解释,劳动合同解除或终止以后,人民法院应当支持劳动者解除竞业限制的请求,前提是如果用人单位在3个月的期限内未支付经济补偿金。曾经签订过竞业限制协议的员工与企业解除劳动关系后,若用人单位违反该协议约定未向离职员工给付补偿金,该员工只有在履行3个月竞业限制义务后才能够行使该协议的解除权。而此种情形下,离职员工依约履行了3个月的义务,理应对原单位具有给付3个月补偿金的请求权。除此之外,就原单位的违约行为而言,笔者认为,原单位向该劳动者依约履行给付3个月补偿金的补偿义务之外,还应就其未支付补偿金的违约行为承担给付违约金的违约责任。如此,才能将竞业限制违约金制度下劳动者的责任与用人单位的责任相对等,更好的矫正劳动者与用人单位间的实质平等地位。

3. 设定竞业限制违约金的支付标准限额

竞业限制违约金金额可根据其性质结合实质公平的理念,参照民法领域的违约金之相关规定设定范围,从而使劳动关系双方平等的承担违约责任。从实践中可得出,违约金金额在被协商既定之后不得更改,而显失公平的违约金约定会给劳动合同当事人本就不平等的地位雪上加霜,因此,国家对违约金的约定进行干预是有必要的。法律应当是相对确定的,不能毫无限制的任由法官自由裁量。

立法应当从以下几个方面规范违约金的标准限额:

首先,应当评估签订竞业性质协议的离职员工掌握的关键性商业信息对原用人单位的价值,同时还应结合员工离职前所任职位的等级。前述价值因素与职位因素应当与违约金金额呈正相关,价值与职位越高,违约金的金额就越高。

其次,违约金金额应当以离职员工已得到的补偿金为限,而且违约金数额应当与经济补偿金呈正相关,这里的经济补偿金是指用人单位基于竞业限制条款向离职员工给付的。一方面,如果劳动者的违约行为没有给用人单位造成经济损失,那么劳动者就无需承担违约责任之外的赔偿责任。此时,违约金的目的是惩罚该离职员工违反诚信原则的违约行为,体现了违约金的惩罚功能而不是补偿功能,不需要弥补该单位的损失。金额约定过高,对于经济实力处于弱势的员工来讲会承受过重的经济负担,甚至影响到该员工的正常生存,因此,出于倾斜保护劳动者的社会本位价值取向,违约金的约定应当充分考虑该经济负担对劳动者基本生存的影响,约定不宜过高。违约金金额与离职员工已得到的补偿金相仿,使双方在同等水平下付出,既能鼓励企业及时依约给付补偿金,又有利于劳动者的心理平衡。另一方面,若劳动者违约行为给用人单位造成了损失,用人单位可以依照《劳动合同法》主张违约金请求权与损害赔偿请求权两种权利,违约金金额的限定范围不会限制劳动者承担赔偿责任。

同时违约金和赔偿金虽然可以同时适用,却不能重复适用。企业在寻求权利救济时,应当以实际损失为限来行使两种请求权,而不能获得两种请求权下的超过损失的补偿;当违约金足以弥补损失时,企业就不能再行使损害赔偿请求权了。由于保护商业秘密是离职员工的法定义务,若劳动者的违约行为给企业造成的损害是长期性的,在短时间内无法发现时,用人单位可以以《反不正当竞争法》关于商业秘密的规定来寻求权利的救济,追求离职员工的损害赔偿责任。

对于用人单位违约的情形,劳动者也是有两个请求权的——请求履行支付补偿金的权利以及请求给付违约金的权利。当用人单位迟延履行或者不履行法定补偿金时,根据《劳动合同法》第85条规定,用人单位应承担1倍以下1/2以上的赔偿金作为违约的惩罚。而对于约定补偿金的迟延履行或不履行的情况,法律并未做出调整。应当参照《劳动合同法》第85条的规定,责令企业承担违约责任,督促其履行竞业限制协议。

(三)劳动合同解除后赔偿金的适用问题

1. 用人单位的经济损失的界定

在需要试图搞清楚用人单位的经济损失的时候,要考察研究的是即将被解除的这个劳动合同是否属于有效劳动合同,如果是有效劳动合同被劳动者违法解除,《违反〈劳动法〉有关劳动合同规定的赔偿办法》将作为确定劳动者违法解除劳动合同赔偿责任的主要依据,但该规定是1995年出台的,至今已有二十余年,在此期间我国社会发展迅速,该规定里的许多条款已经完全不能适应现在的新问题和新情况,比如,劳动者不应该就企业的招录费用承担赔偿责任。招录费用是每个用人单位经营管理所必须投入的人力资源成本,若劳动者就该费用承担了赔偿责任,则意味着劳动者分担了用人单位的人力资源管理风险,且招录费用中若是涵盖了人力资源部门负责招聘的工作人员的特殊福利,无疑会导致劳动者赔偿数额的增加,这显然是不合理、不公平的。对于企业的该部分人力管理费用,企业可以通过约定服务期协议来约束员工,在违约金中对该部分损失追回。

《俄罗斯联邦劳动法典》在解决认定直接经济损失方面做出了有益的探

索。按照俄罗斯联邦"直接实际损失"的《俄罗斯联邦劳动法典》第238条是指实际削减雇主或上述资产(包括第三方财产监护人和雇主责任)恶化的现有财产,并在多大程度上雇主必须花费或失去收入为收购财产或赔偿或恢复为给第三方造成的损害[1]。且该法还规定了用人单位应当就该实际损失的数额,即因果关系承担举证责任,未证明的部分应当由劳动者以书面的形式作出说明。故,根据上述规定可知,俄罗斯将损害赔偿责任的性质界定为侵权损害赔偿。而按照我国劳动法及相关规定,以劳动者因未依法行使劳动合同解除权致使用人单位遭受的直接损失为赔偿额,来追究劳动者在行使解除权过程中发生的侵权损害赔偿责任[2]。

在进行责任认定时,以侵权主体、行为、损害结果以及行为与结果间的因果关系为构成要件。此外,考虑到用人单位的强势地位,应当以立法的形式将赔偿额限定在直接损失范围内,禁止劳动关系主体双方协商确定该金额。

当企业因职工的过错而解除无效劳动合同时,实际损失是否包括企业为该职工已缴纳的住房公积金和社会保险费用的问题。我国法律并没有对住房公积金属于工资抑或是福利的性质作出界定,应当将其作为企业的其他性质支出纳入企业实际损失的范畴。而对于社会保险而言,我国法律有明确的规定,为员工缴纳社会保险是企业的法定义务,具有强制性,因此,社会保险费不属于企业直接损失的范畴。

2. 界定劳动者的赔偿范围

工人应承担其过错给雇主带来的损失赔偿责任。不过,鉴于就业单位的强势地位,法律没有定义支付工人的赔偿限额问题、薪酬的范围。在对当地的法律实践中,俄联邦劳动法分为一般物理责任和完整的材料承担责任。它是基于雇员的过失的大小,同时以免责条款的方式来保障劳动者的合法

---

[1] 参见《俄罗斯联邦劳动法典》,蒋璐宇译,北京大学出版社2009版,第321页。
[2] 参见郑尚元:《劳动合同法的制度与理念》,中国政法大学出版社2008年版,第452页。

权益[1]。德国对此也有相似的规定,将过错程度分为故意、重大过失和一般过失来衡量赔偿责任。

我国是大陆法系国家,立法受德国立法例影响颇深,尤其是在侵权责任的划分中与德国一样采用了三元次责任划分,因此,其劳动者赔偿范围的界定对我国在相关立法方面具有很重要的借鉴意义。将企业的直接损失与员工的过错程度作为界定赔偿责任范围的两个主要考量因素,能够平衡劳动关系主体双方的利益,实现实质平等。

(四)劳动合同解除后"三金"适用关系

1.违约金和经济补偿金

在劳动纠纷实践中,最为复杂的竞业限制违约金支付的情形有两种。(1)当劳动者已然违约且违约在先时,无疑应当承担支付违约金的责任,同时,本公司有权要求员工无薪后支付赔偿金的继续履行合同的权利。此外,赔偿之前,违反合同,就业无支付货币补偿;赔偿后,履行非竞争性内部员工的义务,雇主以现金为它进行补偿。(2)当企业违约在先未向离职员工给付经济补偿时,该员工仍应当履行该协议的义务,否则须承担相应的违约责任;当企业违约未能按时向离职员工给付经济补偿时,笔者认为应当将违约责任同样适用于违约企业,增加企业的给付违约金责任。此时,该企业不仅需要履行给付补偿金的义务,还需承担违约责任给付违约金,从而督促企业给付赔偿金、达到保护劳动者权益的目的。

2.经济赔偿金与经济补偿金

此"二金"通常情况下是不能同时适用的,必须根据企业解除行为违法与否择其一适用。唯有企业迟延履行给付经济补偿金义务时,企业除应支付补偿金外还应当承担相当于50%至100%补偿金额的法定赔偿金作为其

---

[1] 参见《俄罗斯联邦劳动法典》,蒋璐宇译,北京大学出版社2009版,第149页。

违约的惩罚,二者才能并存。

3. 赔偿金与违约金

赔偿金与违约金的适用关系可以分两种情形讨论。(1)在服务期违约的情形下,《劳动合同法》对劳动者因服务期内违约而应承担的违约金数额进行了限制,要求该数额不得超过用人单位用于培训该离职劳动者的费用。劳动者在服务期内违约离职显然使得用人单位用在该离职劳动者身上的培训费用受到了损失,从法律规定的限制内容可以看出该违约金本身已经具备了补偿的性质,此时劳动者无须另行承担给付经济赔偿金的责任。(2)在竞业限制违约的情形下,《劳动合同法》中关于违反竞业限制约定的违约金却没有限定数额范围,根据法无禁止即自由的法理,该类型的违约金既可以小于违约者给工人单位造成的损害,也可以大于该损害,由此可知此时的违约金就具有惩罚违约者的性质。同时,法律还规定了劳动者在此情形下针对企业损失的给付赔偿金的责任。

最后,从违约的后果分析,当劳动者违约未给用人单位致损时,违约金不具有补偿性质,只是单纯的对于违约方的惩罚。当违约行为实际损害到用人单位的利益时,《劳动合同法》赋予了用人单位可同时行使的损害赔偿请求权和违约金请求权,但是此时用人单位的取得的"二金"总和不得超过直接损失。

第七章 《劳动合同法》的立法博弈与抉择[1]

一、《劳动合同法》的制定背景

《劳动合同法》从全国人大常委会2006年3月20日向全社会公布"草案"征求意见、颁布实施到现在,所引发的争议在社会上就没有中断过。对一部在社会中实施的法律进行评价,既是一个法律问题,也是一个专业问题,可以从该法的起草探讨制定这部法律的缘由,进而考察该法实施之后其立法理由是否成立、立法目的是否实现。

制定《劳动合同法》最初的官方文件是2005年12月28日全国人大常委会何鲁丽副委员长在人大常委会上作的全国人大常委会执法检查组关于检查劳动法实施情况的报告[2]。具体列举了劳动合同签订率低、期限短、内容不规范等问题,明确建

---

[1] 本章为作者与导师黎建飞教授合作完成。
[2] 参见全国人大常委会法制工作委员会行政法室:《劳动合同法(草案)》,中国民主法制出版社2006年版,第57—58页。

议加快制订《劳动合同法》[1]。相关方面和专业人士就制定《劳动合同法》需要解决的问题基本形成共识,包括(1)一些用人单位为规避对劳动者的义务,不订立书面劳动合同,甚至不承认与劳动者已经存在的事实劳动关系。(2)劳动合同短期化趋势明显,影响了劳动关系的和谐稳定。(3)有的用人单位滥用试用期,严重侵害劳动者的合法权益。(4)有的用人单位随意设立违约金,限制了劳动者的择业自由和劳动力合理流动。(5)有的用人单位为规避法定义务,滥用"劳务派遣"的用工形式。这些问题,既是《劳动合同法》立法的理由,也是《劳动合同法》要调整的事项[2]。更重要的,它是我们今天用来评价这部法律所应当遵循的不二法门。

二、劳动合同签订率低下的立法博弈与抉择

劳动合同签订率低下,在当时是一个十分突出的问题。据2004年的抽样调查统计,劳动合同平均签订率与2002年相比降低了近十个百分点。特别是建筑业、餐饮服务业劳动合同签订率较低,为40%左右[3]。

合同签订率低下对劳动者的权利具有根本性的损害。第一,因为任何劳动都伴随着风险,而劳动风险必须由雇主承担。但当劳动者遭受工伤等不测之后,由于没有签合同,雇主往往做的第一件事就是不承认双方具有劳动关系。因为没有合同,所以劳动者很难证明在劳动法中的身份,很难证明自己与雇主之间存在劳动关系。第二,《劳动法》中几乎所有的赔偿均以劳动者的工资为计算基数。如果没有劳动合同明确规定劳动者的工资是多少,劳动者应有的权益就很难得到保障。即便劳动者提起了劳动仲裁或者诉讼,相关权益也很难得到有力的支持。

---

[1] 参见关怀:《要求修改〈劳动合同法〉是对法律的误读》,载《工人日报》2008年4月15日。
[2] 参见信春鹰:《信春鹰详解〈劳动合同法〉》,载《青岛日报》2007年12月17日。
[3] 参见信春鹰:《信春鹰详解〈劳动合同法〉》,载《青岛日报》2007年12月17日。

澳大利亚劳动法教授正是从这些角度阐述劳动合同的价值和签订劳动合同意义的："为什么劳动合同很重要？劳动合同关系重大，因为它为雇员提供了劳动条件与合同条款的相关信息。实质上，它明确了雇员们在劳动关系中所要经历的各种事项，包括他们将做什么工作，将在哪里进行劳动，雇主是否有养老金计划。也许最重要的是，他们将得到多少劳动报酬。在得到一份工作时，雇员们都很高兴看到一个新的开始，他们可能只考虑他们新合同的一些条款，而不是把劳动合同作为一个整体来解读。当雇员和雇主之间发生劳动争议时，劳动合同变得尤为重要。"[1]所以，合同签订率低下是《劳动合同法》制定时首要解决的问题。

在现行《劳动合同法》中，"劳动合同的订立"作为第二章独立成章，并且用了多达22个条文来加以规定，从五个方面全面规范了劳动合同的订立：一是用人单位的告知义务；二是劳动合同的订立形式；三是以劳动力派遣形式用工的劳动合同；四是劳动合同订立的内容；五是劳动合同的无效和撤销。根据《劳动合同法》第10条的规定，订立书面劳动合同是建立劳动关系的基本要求，劳动关系自用工之日起建立，无论双方是否签订书面合同都受到劳动法保护。《劳动合同法》第14条第3款和第82条规定了用人单位未与劳动者订立书面劳动合同的处理措施，即自用工之日起1个月之后未与劳动者订立书面劳动合同的，用人单位将支付双倍工资。如果用工满1年后还未订立书面劳动合同的，就视为双方订立无固定期限劳动合同。因此，用人单位如不与劳动者订立书面劳动合同将承担极为不利的后果，强化了用人单位订立书面劳动合同的责任。

提升劳动合同签订率如此重要，或者说订立劳动合同如此重要，除了前此提及的两项实存性因果外，还在于劳动合同订立本身。正如黑格尔在其名著《法哲学原理》中所言："契约双方当事人互以直接独立的人相对待，所

---

[1] Janice Nairns, *Employment Law for Business Students*, soncond edition [M]. London: Person Educayion Limited,1999:89.

以契约(甲方)任性出发,(乙)通过契约而达到定在的同一意志只能由双方当事人认定,从而它仅仅是共同意志,而不是自在自为的普遍的意志。"[1]也就是说,与用人单位订立劳动合同是劳动者行使劳动权利的开端——通过这项权利的行使,将劳动法所赋予的各项权利具体到劳动合同中也就是自己的劳动行为范式上;同时,将自己的各项权利与用人单位形成共识,让自己的各项权利得到用人单位的直接认可,从而使这些权利成为劳动关系双方当事人共有的权利和义务。

三、短期劳动合同盛行的立法博弈与抉择

按照《劳动法》的规定,劳动合同到期终止,用人单位不需要再负任何责任,既无必须向劳动者支付经济补偿金之累,也无劳动者不服解雇提出仲裁和诉讼之虞。由此,导致了劳动合同短期化现象。

劳动合同期限短期化的原因,主要是企业为了尽可能降低解雇成本,避免因解除劳动合同需要支付经济补偿金。《劳动法》关于劳动合同到期终止的规定是在该法第 23 条:"劳动合同期满或者当事人约定的劳动合同终止条件出现,劳动合同即行终止。"此外再无其他规定或者责任。于是,社会上短期劳动合同盛行,一年期的劳动合同是最为常见,超过一年期的劳动合同几乎没有。更有甚者,3 个月一签、1 个月一签的劳动合同在社会上同样通行无阻[2]。

短期劳动合同随时让劳动者处于合同到期状态。劳动者在工作中完全没有稳定感、没有归属感、没有成就感,连明天该干什么都不知道,这对劳动者心理、家庭收入影响都非常大。与此相对的是,雇主规避了解雇风险,因为雇主不再解雇劳动者,而是以劳动合同到期终止来结束其与劳动者之间

---

[1] 黑格尔:《法哲学原理》,范扬等译注,商务印书馆 1982 年版,第 81—84 页。
[2] 参见王比学《聚焦劳动合同法:短期合同让人担忧》,载《人民日报》2006 年 5 月 10 日。

的劳动关系[1]。所以,终结劳动合同的短期化是《劳动合同法》立法要着力解决的问题之一。

《劳动合同法》第 46 条第 5 项规定:"除用人单位维持或者提高劳动合同约定条件续订劳动合同,劳动者不同意续订的情形外,依照本法第四十四条第一项规定终止固定期限劳动合同的",用人单位应当向劳动者支付经济补偿。这是《劳动合同法》创制的"劳动合同终止补偿金"制度[2],有效地解决了劳动合同短期化的问题。2008 年 9 月全国人大常委会对《劳动合同法》实施情况检查报告"主要成效"第 2 项就是"新签劳动合同的平均期限有所延长。广东省新签劳动合同中期限在 3 年左右的有较大幅度的提高。江苏省签订一至三年期限劳动合同的职工达到 49.09%,一年及以下期限的劳动合同较上年末减少 14.42%,无固定期限劳动合同增加 1.19%。从全国看,合同短期化现象也明显减少,就业稳定性普遍提高"。

在劳动合同期限中,与"短期劳动合同"相关的还有"无固定期限劳动合同"[3]。无固定期限劳动合同规定在《劳动法》第 20 条,这一条的必要性和重要意义在于我们当时国有企业职工有 1 亿多,其中的固定工占 70%。对于长期在国有企业工作的年龄大、工龄长的职工,不能一下就推向社会,否则对他们是不公平的,也是不利于社会稳定[4]。为此,《劳动法》专门在第 20 条中规定了第 2 款。这一条款用了 4 句话,其中包含了 3 个条件,其中的第 2 个,即"当事人双方同意续延劳动合同的"条件虽然符合民事法律的一般性原则,却并不适合于劳动法领域。正是"当事人双方同意续延劳动合同

---

[1] 参见黎建飞:《加快劳动制度改革的关键积极推行和完善劳动合同制》,载《福建劳动》1993 年第 2 期。
[2] 参见劳动合同法起草小组:《中华人民共和国劳动合同法释义》,中国市场出版社 2007 年版,第 88—179 页。
[3] 凯斯·R.桑斯坦:《罗斯福宪法:第二权利法案的历史与未来》,毕竞悦译,中国政法大学出版社 2016 年版,第 2—3 页。
[4] 参见黎建飞:《加快劳动制度改革的关键积极推行和完善劳动合同制》,载《福建劳动》1993 年第 2 期。

的"这句话,致使劳动者在任何单位都不可能工作到10年。"如果用人单位不同意签订无固定期限的劳动合同,劳动者在该用人单位工作多少年也无济于事"。[1]

为此,《劳动合同法(草案)》一审稿第9条规定:"已存在劳动关系,但是用人单位与劳动者未以书面形式订立劳动合同的,除劳动者有其他意思表示外,视为用人单位与劳动者已订立无固定期限劳动合同",并且在该第2款规定:"用人单位和劳动者对是否存在劳动关系有不同理解的,除有相反证明的以外,以有利于劳动者的理解为准。"这两项规定都是用人单位难以接受的。《劳动合同法(草案)》二审稿第14条将"应当签订无固定期限劳动合同"规定为3种情形,再次遭遇用人单位的一致质疑,甚至直言该条款会影响到企业的生存。立法部门坚持认为无固定期限劳动合同只是"无确定终止时间"的劳动合同,并不是终身制的"铁饭碗",只要出现解除劳动合同的法定情形,同样可以解除。劳动者在两次签订固定期限劳动合同期间遵纪守法,完成了工作任务,用人单位与其订立无固定期限劳动合同是合理的。据此,在坚持中增改为"(三)连续订立二次固定期限劳动合同,且劳动者没有本法第三十九条和第四十条第一项、第二项规定的情形,续订劳动合同的",应当订立无固定期限劳动合同。

劳动者获得职业并且保持职业稳定既是劳动者获得自由和安全的体现和保障,也是劳动者"免予匮乏的自由"和"免予恐惧的自由"的基础。即便我们在法律制度上解决了劳动者"一职难求"的困惑,却在"一职难保"上无所作为,劳动者的安全与幸福同样是不能实现的。"法律现实主义者认为,市场和财产权依赖于法律规则,自由放任只是一个神话。坚定的自由市场信奉者、诺贝尔奖得主F. A. 哈耶克也主张,除了国家,没有任何一种体制可以理性地提供防卫,有效的竞争体制需要明智的设计和不断调整的法律框

---

[1] 王健:《劳动合同法四审之变:立法宗旨三易其稿》,载《民主与法制》2007年第19期。

架。当然,这并不是说权利来源于政府,而是说权利的实现依赖于政府。人们的一些自由没有很好地实现,恰恰是因为政府的漠视。如果没有政府对权利的保证,人们就会面临一个制度化的黑市"。[1] 在这个意义上,《劳动合同法》不遗余力地保障劳动者的职业稳定,保障劳动合同的长期性和持续性,是对劳动者生活安全的切实保障,是免除劳动者失业恐惧的有效举措,因为"没有经济安全和独立,就没有真正的个人自由"。

四、劳动合同试用期滥用的立法博弈与抉择

在《劳动法》实施期间,"试用期"是用人单位解雇劳动者最常用办法。《劳动法》对"试用期"就规定了一句话:"劳动合同可以约定试用期。试用期最长不得超过六个月。"由于《劳动法》仅规定试用期的上限是 6 个月,没有规定约定试用期的条件和明确试用期的性质,以至于《劳动法》实施这十多年当中,试用期条款是损害劳动者权益一个比较突出的条款。当时,有人以"试用期不是'白干期'"为题,记述了在劳动合同试用期间用人单位的种种随意和劳动者的种种尴尬,包括试用期过长、试用期工资待遇过低、用人单位在试用期间随意解除合同等[2]。

《劳动合同法(草案)》在第一稿中就针对《劳动法》中的"试用期"条款进行立法矫正。"草案"第一稿第 13 条规定:劳动合同期限在 3 个月以上的,可以约定试用期。草案同时根据不同性质的工作岗位对试用期的不同要求,规定非技术性工作岗位的试用期不得超过 1 个月,技术性工作岗位的试用期不得超过 2 个月,高级专业技术工作岗位的试用期不得超过 6 个月;同一用人单位与同一劳动者只能约定一次试用期。对此,有人大常委组成

---

[1] 凯斯·R.桑斯坦:《罗斯福宪法:第二权利法案的历史与未来》,毕竞悦译,中国政法大学出版社 2016 年版,第 2—3 页。
[2] 参见钱叶芳:《试用期制度的国际比较与借鉴》,载《法治研究》,2011 年第 11 期。

人员和全国政协委员提出,实践中用人单位滥用试用期、压低试用期工资、试用期间任意解除劳动合同等侵害劳动者权益的情形比较突出,对此应作出严格规定。草案以工作岗位的技术含量为标准规定试用期的期限,实践中难以操作,建议按照劳动合同期限的长短规定试用期的期限。据此,"草案"第二稿将"试用期条款"修改为:(1)劳动合同期限不足1年的,试用期不得超过1个月;劳动合同期限1年以上3年以下的,试用期不得超过2个月;3年以上固定期限和无固定期限劳动合同试用期不得超过6个月。劳动合同仅约定试用期或者劳动合同期限与试用期相同的,试用期不成立,该期限为劳动合同期限。(2)劳动者在试用期的工资不得低于同岗位最低工资或者劳动合同约定工资的80%。(3)在试用期中,除有证据证明劳动者不符合录用条件外,用人单位不得解除劳动合同。用人单位在试用期解除劳动合同的,应当向劳动者说明理由。在此基础上,最终形成了现行《劳动合同法》第19条。

"按合同期限长短规定试用期"的规定在向全社会征求意见后,立法机关对此做出回应:对草案作如下修改:一是劳动合同期限不足1年的,试用期不得超过1个月;劳动合同期限1年以上3年以下的,试用期不得超过2个月;3年以上固定期限和无固定期限劳动合同试用期不得超过6个月。劳动合同仅约定试用期或者劳动合同期限与试用期相同的,试用期不成立,该期限为劳动合同期限。二是劳动者在试用期的工资不得低于同岗位最低工资或者劳动合同约定工资的80%。三是在试用期中,除有证据证明劳动者不符合录用条件外,用人单位不得解除劳动合同。用人单位在试用期解除劳动合同的,应当向劳动者说明理由[1]。立法中这种具有操作性的具体化、分类化规定对于纠正试用期滥用现象收到了立竿见影之效,也为相关的实践提供了明确的指引。

---

[1] 参见全国人民代表大会常务委员会法制工作委员会:《中华人民共和国劳动合同法释义》,法律出版社2013年版,第403—405页。

在实践中，最高人民法院除了对"劳动合同试用期"进行相关的司法解释外，还通过刊载在《民事审判指导与参考》中的"民事审判信箱"等方式对劳动合同试用期提出了专项性的法律适用参考意见。在该书第39辑中，对"如何界定劳动者试用期的起算点"提出了"无论实际用工时间和订立劳动合同的时间是否一致，试用期的起算点应当是实际用工的时间"。在该书第40辑中，对"没有书面劳动合同又无其他证据证明有试用期的约定的情况下，司法实践中应当如何确定试用期"提出了"应当认定用人单位放弃了试用期，双方劳动关系中不存在试用期"的观点。在该书第44辑中，对"同一用人单位与同一劳动者只能约定一次试用期"具体化为"如果用人单位联系使用同一个劳动者在同一岗位或者可替代的岗位工作，不论是延续劳动合同期限或者劳动合同终止后隔时被用人单位再次招用的，均不应当另行约定试用期"。这些意见和相应的理由，对于《劳动合同法》中有关试用期的立法起到了阐明要义，方便适用的作用。

劳动合同中的试用期条款渊源于早期的"学徒契约"——"学徒契约谓当事人之一方，对他方约定于一定期间内，传授其职业上之知识与经验，其他方与以习业上必要之劳动补助或并与金钱上报酬之契约"[1]。在试用期赋予双方当事人(主要有益于雇主)相对容易的劳动关系解除权，是各国通行的做法[2]。但由此导致雇主在试用期内滥用解雇权却是法律所必须制止的。各国通常采用提前通知该雇员并且说明雇员未通过试用的理由。

也有学者指出，即便是在现行的《劳动合同法》中，用人单位试用期内解雇劳动者时"向劳动者说明理由"尚无具体操作标准，单纯以劳动合同期限为尺度来丈量试用期期限长度也欠科学，更为重要的是，对于不符合录用条件的法定情形需要确立特定的程序标准[3]。这些是《劳动合同法》需要进

---

[1] 史尚宽：《劳动法原论》，正大印书馆1978年版，第54—57页。
[2] 参见钱叶芳：《试用期制度的国际比较与借鉴》，载《法治研究》，2011年第11期。
[3] 参见陈海挑：《"试用期"质疑——我国现行试用期制度之批判》，载《私法研究》2011年第2期。

一步完善之处。

五、劳动者违约金滥用的立法博弈与抉择

在《劳动法》实施中，违约金几乎成了劳动者没有办法逃脱的魔咒。其一是普遍性，几乎成了劳动合同中的必备条款。其二是高额化，劳动者需要支付的金额高达工资收入的数十倍，或者需要至少工作数十年。"依我国现行法，违约金属于违约责任的一种承担方式"[1]。在这个意义上，劳动者几乎无承担违约金的可能。因为劳动者解除劳动合同只需要提前30日书面通知用人单位即可，并无其他实质性义务或者责任。劳动者在用人单位多种违法事项下，还可以随时通知用人单位解除劳动合同，可以立即解除劳动合同，无须通知用人单位。在英国，即便雇员的辞职并非基于雇员已然的过错或实际实施了的违约行为，但雇员源于雇主的预期违约而辞职离开，也可视为因雇主造成的推定解雇。因为"辞职无需雇主的同意……在 Western Excavating(ECC)Ltd v. Sharp(1978)案中，丹宁勋爵认为：'如果雇主有过错行为，该行为或者是对雇佣合同基础的严重破坏，或该行为表明雇主不愿再受制于合同的一个或多个基本条件，那么雇员有权视自己被免除了进一步履约的义务。'……参见上诉法院在 Meikle v. Nottinghamshire CC(2004)案件中的判决，以及雇佣上诉法庭在 Greenhof v. Barnsley Metropolitan Borough Council(2006)案件中的判决。在这两个案件中，雇主未能就残疾雇员做出合理调整，该行为被视为违背了雇佣双方相互信任的默示义务。在 Horkaluk v. Cantor Fitzgerald International(2005)案中，上诉法院认为雇员遭到恐吓和辱骂，从而认定推定解雇的存在"[2]。我国台湾地区在"劳动基准法"上的相关规定也是显而易见的——雇员有权提出解除劳动合同，即提出辞职。

---

[1] 姚明斌:《违约金双重功能论》，载《清华法学》2016年第5期。
[2] 史蒂芬·哈迪:《英国劳动法与劳资关系》，陈融译，商务印书馆2012年版，第127—128页。

雇员的辞职权利不同于雇主的解雇权力,雇员的辞职权利属于行使基本劳动权利——劳动权的方式。劳工如与雇主签订不定期劳动契约,原则上劳工得随时预告自请离职,不需要雇主的同意,此项"离职权利"明订于"劳动基准法"第 15 条第 2 项,劳工只要遵守"劳动基准法"第 16 条第 1 项预告期间的规定,不需要具备任何理由,即可离职,与"劳动基准法"要求雇主应具备一定事由才能解雇劳工的规范迥然不同。换言之,劳工离职时没有交代离职理由的义务,亦不需得到雇主的同意,一旦雇主收到劳工辞职的表示——不论口头或是书面——就发生劳动契约终止的效力。所以,雇主不得对劳动者的劳动合同解除权进行过分限制,也不得仅仅因为雇员的辞职行为而要求其承担损害赔偿[1]。

在实践中,与其他国家(地区)在立法中几乎没有劳动者违约金这一选项不同的是,我国用人单位收取劳动者违约金多与"服务期""保密事项"和"竞业限制"相关联[2]。2006 年 12 月 24 日,在《全国人大法律委员会关于〈中华人民共和国劳动合同法(草案)〉修改情况的汇报》中,列举了该草案的 11 个主要问题和修改情况,有关违约金的问题就占了两项,即"六、关于服务期"和"七、关于竞业限制"。立法确立了用人单位要求劳动者支付违约金的前提条件是用人单位为劳动者提供了培训费用,即无培训无违约金。该草案第 15 条规定,用人单位为劳动者提供培训费用,使劳动者接受 6 个月以上脱产专业技术培训的,可以与劳动者约定服务期,以及劳动者违反服务期约定应当向用人单位支付的违约金。该违约金不得超过服务期尚未履行部分所应分摊的培训费用。

这些规定,在整个立法过程中都进行着修改完善。2007 年 4 月 24 日,在《全国人民代表大会法律委员会关于〈中华人民共和国劳动合同法(草案二次审议稿)〉修改情况的汇报》中,"二、关于培训职工的服务期协议"修改

---

[1] 参见陈海挑:《"试用期"质疑——我国现行试用期制度之批判》,载《私法研究》2011 年第 2 期。
[2] 参见王益英:《外国劳动法和社会保障法》,中国人民大学出版社 2001 年版。

为:"用人单位在国家规定提取的职工培训费用以外提供专项培训费用,对劳动者进行专业技术培训的,可以与该劳动者订立协议,约定服务期。"2007年6月28日,在《全国人民代表大会法律委员会关于〈中华人民共和国劳动合同法(草案四次审议稿)〉修改意见的报告》中,再次修改为"用人单位为劳动者提供专项培训费用,对其进行专业技术培训的,可以与该劳动者订立协议,约定服务期"。对于保密事项,修改为"用人单位与劳动者可以在劳动合同中约定保守用人单位的商业秘密和与知识产权相关的保密事项"。

《劳动合同法》的这些规定,极大地限定了用人单位收取劳动者违约金的操作空间,有效地遏止了劳动者违约金滥用的现象。违约金是违反合同应承担民事责任的一种方式,意在促使双方当事人遵守合同、履行合同,保证交易的完成。在劳动合同中引入违约金制度后,由于两类合同存在自身和社会意义上质的区别,致使违约金的规范与适用都走了样,即,从合同履行的保证变成了劳动者劳动自由的限制,从劳动力的合理流动变成了劳动者为离职必须支付的高额代价,劳动者原本自由行使的劳动权受到了支付金钱的限制。因此,《劳动合同法》限制违约金滥用既是法律制度的应有之义——"劳动契约之终了,在民法规定之适用外,另形成了这一复杂制度"[1];也彰显出劳动立法的特有价值——"由于劳动合同与民事合同存在以上区别,劳动合同应当更多地体现社会法的性质,以突出保护劳动者的权益为其特质,而不能完全运用民事合同中的意思自治原则。因此,劳动合同中的违约金也应以社会本位思想为原则,不能完全借用以个人本位思想为基础的民事合同的规定,由双方自由约定"[2]。

---

[1] 姜颖:《劳动合同违约金存在的问题及立法构想》,载《法律适用》2006年第6期。
[2] 黄越钦:《劳动法新论》,中国政法大学出版社2003年版,第152—153页。

六、限制劳动派遣的立法博弈与抉择

劳动关系在其本来意义上应当是一对一的关系。一对一的关系也是成本最低的关系。当劳动派遣插入原本一对一的劳动关系后,产生出了变异后的三方关系或者三角关系。"劳动合同当事人在三角形的两端"。这种关系大多称之为"劳动派遣"或者"劳务派遣",也可称之为"劳工代理",如澳大利亚,"劳动派遣被称之为'劳工代理(Agency Labour)',如其名字所示,劳工代理经营的是劳工雇佣业务。它意在提供工人为另一家公司(客户或雇主)服务。客户或者雇主向代理机构支付费用,包括工人服务费用和该机构的利润。代理机构从中为工人支付报酬,并且满足雇主对于工人指令或要求"。[1]

虽然名称在不同国家有别,但各国立法对劳动派遣的否定或者至少是保留的态度是没有区别的。劳动派遣在20世纪六七十年代开始进入法国,此时的法国经济强调企业的竞争力和经济灵活性,于是,大量企业使用派遣的劳动力。当时没有具体的法律规范调整劳动力派遣行为,只有1848年3月2日的一项法规明确禁止贩卖劳动力。"实际上,在利益的驱动下,劳动力派遣行为如果得不到规范,就可能走上贩卖劳动力的歧途"。因此,法国对劳动力派遣行为进行严格规范,减少企业使用具有三方性关系的派遣劳动力,督促企业建立正常的双方性的劳动关系。1972年1月3日关于临时工作的一项法律明确限定了从事劳动力派遣活动的企业种类(1982年修订)。1973年7月6日的一项法律规定了转包工罪及刑罚。"劳动法学界认为,非法的劳动力派遣不仅直接侵犯了相关雇员的利益,而且也是对公共利益的破坏,是对人权的蔑视……有著名学者明确提出,劳动力派遣的增多只

---

[1] Andrew Stewart, *Stewart's guide to Employment Law*, Fourth edition[M]. London: The Federation Press, 2013: 68-69.

能给劳动法带来破坏".[1] 欧盟认为:"这种劳动者的增多,'常以相当混乱的方式'对劳动就业条件的发展产生危险,'造成欧共体层次的社会劳动力廉价倾向问题,甚至竞争扭曲',除非设立保护措施。"[2] 德国联邦劳动法院在确认"电视台记者的雇员身份",从而认定双方存在劳动关系而不是其他关系一案中,阐述了劳动法学界一以贯之的判决理由:"判断劳动关系是否存在的关键在于有义务提供劳动的一方是否对相对方有人格从属性。最为重要的依据是该合同关系所体现出来的典型特征,合同双方是否明确将其合同命名为劳动合同则无关紧要。即使合同名称不一样,也可以从合同的实际履行情况中推断出劳动关系的存在。"[3]

在制定《劳动合同法》时,因劳动派遣占到当时用工总量的30%,为了限制劳动派遣,立法为此绞尽脑汁——从《劳动合同法(草案)》第一稿分散的几个条文,到通过后的《劳动合同法》专为"劳动派遣"列出一节,用了11个条文来规范它;从《劳动合同法(草案)》第一次审议稿第12条规定劳动力派遣单位必须在省、自治区、直辖市人民政府劳动保障主管部门指定的银行账户中以每一名被派遣的劳动者不少于5000元为标准存入备用金,到《劳动合同法(草案)》第二次审议稿第57条第2款规定:"劳务派遣单位应当与被派遣劳动者订立二年以上的固定期限劳动合同,按月支付劳动报酬,在无工作期间不得低于当地最低工资标准支付劳动报酬。劳动合同到期后,无本法第三十九、第四十条规定情形的,应当续签劳动合同。"[4] 再到现行立法的表述,既反映出不同利益方在这上面的激烈博弈,也表明了立法者对此从始至终的限制性意图。

2012年12月28日,第十一届全国人民代表大会常务委员会第三十次

---

[1] 钱叶芳:《试用期制度的国际比较与借鉴》,载《法治研究》,2011年第11期。
[2] 凯瑟琳·巴纳德:《欧盟劳动法》,付欣译,中国法制出版社2005年版,第458—460页。
[3] 王倩:《德国联邦劳动法院典型判例研究》,法律出版社2015年版,第4—5页。
[4] 李华良:《部分劳务派遣企业建议删改派遣劳动者缴存备用金的规定》,载《新京报》2006年3月31日第1版。

会议对《劳动合同法》作出修改,这是针对《劳动合同法》中"劳动派遣"相关规定进行的专项法律修改。据此,人力资源和社会保障部于2013年12月20日公布了《劳务派遣暂行规定》,明确"使用的被派遣劳动者数量不得超过其用工总量的10%"。

立法在劳动派遣上的这些努力,在现实中的效果并不乐观,劳动派遣仍然是众多用人单位规避法律责任的首选方式,劳动派遣用工也进而成为劳动争议案件多发的源头。[1] 因此,在接下来的《劳动合同法》实施中,需要进一步关注劳动派遣立法的负面效应,在法律修改中规定更为严格的限制性规范,在司法实践中进行更加严格的司法解释,尽可能地压缩劳动派遣生存的空间,使劳动关系从三方关系恢复到用人单位和劳动者双方关系的正常状态[2]。

总体来看,《劳动合同法》当时要解决的问题,通过立法现在基本解决了。从当时的立法动机和它的规定、它的实施效果来说,我们认为这部法律是成功的。劳动派遣的问题仍然是《劳动合同法》面临的主要挑战,需要在立法上作出更加积极的反应,制定更加有效的规则,进行更加严格的司法与行政管控。

---

[1] 王惠玲:《劳务派遣争议的司法解决》,载《人民司法》2015年第21期。
[2] 黎建飞:《建议在劳动法律中剔除劳务派遣》,载《检察日报》2015年10月29日,第1版。

参考文献

一、中文著作

1. 王利明:《民商法研究》,法律出版社1998年版。

2. 王利明:《违约责任论》,中国政法大学出版社2000年版。

3. 王利明等:《民法新论》,中国政法大学出版1988年版。

4. 林嘉主编:《劳动合同法热点问题讲座》,中国法制出版社2007年版。

5. 林嘉主编:《劳动和社会保障法论丛》(第1辑),中国劳动保障出版社2015年版。

6. 林嘉主编:《劳动法评论》(第一卷),中国人民大学出版社2005年版。

7. 林嘉:《劳动法的原理、体系与问题》,法律出版社2016年版。

8. 黎建飞:《立法学》,重庆出版社1992年版。

9. 黎建飞:《劳动与社会保障法教程》(第2版),中国人民大学出版社2010年版。

10. 黎建飞:《劳动法的理论与实践》,中国人民公安大学出版社 2004 年版。

11. 黎建飞编著:《劳动法热点事例评说》,中国劳动社会保障出版社 2006 年版。

12. 黎建飞主编:《〈中华人民共和国劳动合同法〉最新完全释义》,中国人民大学出版社 2008 年版。

13. 黄越钦:《劳动法新论》,中国政法大学出版社 2003 年版。

14. 郑尚元:《劳动合同法的制度与理念》,中国政法大学出版社 2008 年版。

15. 谢增毅,《劳动法的改革与完善》,社会科学文献出版社 2015 年版。

16. 姜颖:《劳动合同法论》,法律出版社 2006 年版。

17. 董保华:《十大热点事件透视劳动合同法》,法律出版社 2007 年版。

18. 董保华:《劳动关系调整的法律机制》,上海交通大学出版社 2000 年版。

19. 董保华:《劳动法论》,世界图书出版社 1999 年版。

20. 董保华主编:《劳动合同研究》,中国劳动社会保障出版社 2005 年版。

21. 董保华:《劳动合同立法的争鸣与思考》,上海人民出版社 2011 年版。

22. 王全兴主编:《劳动法》(第 3 版),法律出版社 2008 年版。

23. 王全兴主编:《劳动法学》(第 2 版),高等教育出版社 2008 年版。

24. 郑爱青:《法国劳动合同法概要》,光明日报出版社 2012 年版。

25. 丁嘉惠:《个别劳动关系法——民法雇佣契约与劳动基准法劳动契约基础篇》,元照出版公司 2010 年版。

26. 王昌硕主编,《劳动法教程》,中国政法大学出版社 1995 年版。

27. 王益英主编,黎建飞副主编:《外国劳动和社会保障法》,中国人民大学出版社 2001 年版。

28. 孔祥俊:《合同法教程》,中国人民公安大学出版社 1999 年版。

29. 叶静漪、周长征主编:《社会正义的十年探索:中国与外国劳动法制改革比较研究》,北京大学出版社 2007 年版。

30. 史尚宽:《劳动法原论》,正大印书馆 1979 年版。

31. 史尚宽:《债法总论》,中国政法大学出版社 2000 年版。

32. 史探径:《劳动法》,经济科学出版社 1990 年版。

33. 冯彦君:《劳动法学》,吉林大学出版社 1999 年版。

34. 刘志鹏:《劳动法理论与判决研究》,元照出版公司 2002 年版。

35. 问清泓:《劳动合同法制度与实践研究》,湖北人民出版社 2011 年版。

36. 孙国华主编:《法学基础理论》,中国人民大学出版社 1986 年版。

37. 李佳勋等:《劳动法研究》,中共中央党校出版社 2005 年版。

38. 杨燕绥等编著:《劳动法新论》,中国劳动社会保障出版社 2004 年版。

39. 余致纯主编:《法律语言学》,陕西人民出版社 1990 年版。

40. 沈同仙:《劳动法学》,北京大学出版社 2009 年版。

41. 林更盛:《劳动法案例研究(一)》,翰芦图书出版有限公司 2002 年版。

42. 林清高主编:《劳动法学》,中国财政经济出版社 2008 年版。

43. 周长征:《劳动法原理》,科学出版社 2004 年版。

44. 赵瑞红主编:《劳动关系》,科学出版社 2007 年版。

45. 段匡:《日本的民法解释学》,复旦大学出版社 2005 年版。

46. 信春鹰、阚珂主编:《中华人民共和国劳动合同法释义》,法律出版社 2007 年版。

47. 常凯主编、《劳动合同法(草案)研究》课题组编:《劳动合同立法理论难点解析》,中国劳动社会保障出版社2008年版。

48. 常凯主编:《劳动关系学》,中国劳动社会保障出版社2005年版。

49. 彭万林主编:《民法学》,法律出版社2000年版。

50. 彭小坤:《劳动合同单方解除制度研究》,法律出版社2009年版。

51. 《俄罗斯联邦劳动法典》,蒋璐宇译,北京大学出版社2009年版。

52. 最高人民法院劳动法培训班编:《劳动法基本理论与实务讲座》,法律出版社1995年版。

53. 喻术红、张荣芳编著:《劳动合同法学》,武汉大学出版社2015年版。

54. 程延园主编:《劳动关系》,中国人民大学出版社2002年版。

55. 游劝荣主编:《劳动与社会保障法律制度比较研究》,人民法院出版社2011年版。

56. 熊晖:《解雇保护制度》,法律出版社2012年版。

57. 颜辉主编:《中国工会·劳动关系研究:2008》,中国工人出版社2009年版。

58. 冯涛:《劳动合同法研究》,中国检察出版社2008年版。

二、文章

1. 关怀:《论我国劳动法制的健全与完善》,载《政法论丛》2005年第5期。

2. 林嘉:《〈劳动合同法〉的立法价值、制度创新及影响评价》,载《法学家》2008年第2期。

3. 黎建飞:《论我国〈劳动法〉的立法目的》,载《河南省政法管理干部学院学报》2003年第5期。

4. 黎建飞:《劳动合同解除的难与易》,载《法学家》2008年第2期。

5. 黎建飞:《劳动者人身权的法律保障》,载《河南省政法管理干部学院学报》2006年第2期。

6. 黎建飞:《劳动法专家点评劳动合同法(草案)的四大"亮点"》,载《中国网》。

7. 黎建飞:《社会变革中的中国劳动合同立法》,载《法学家》2009 年第 6 期。

8. 谢增毅:《对〈劳动合同法〉若干不足的反思》,载《法学杂志》2007 年第 6 期。

9. 谢增毅:《劳动法上经济补偿的适用范围及其性质》,载《中国法学》2011 年第 4 期。

10. 郑爱青:《完善我国劳动合同解除制度的思考和建议》,载《法学杂志》2007 年第 3 期。

11. 董保华:《论劳动合同中的服务期违约金》,载《法律适用》2008 年第 4 期。

12. 董保华:《论我国无固定期限劳动合同》,载《法商研究》,2007 年第 6 期。

13. 王全兴:《〈劳动合同法〉实施后的劳动关系走向》,载《深圳大学学报》2008 年第 3 期。

14. 王全兴:《基于法益结构的制度选择——〈劳动合同法(草案)〉中若干选择的评析与建议》,载《上海师范大学学报》2007 年第 2 期。

15. 高圣平:《用人单位劳动规章制度的性质辨析——兼评〈劳动合同法(草案)〉的相关条款》,载《法学》2006 年第 10 期。

16. 黄建中、高圣平:《用人单位内部规章制度的性质与司法控制》,载《人民司法》2007 年第 7 期。

17. 冯彦君:《民法与劳动法:制度的发展与变迁》,载《社会科学战线》2001 年第 3 期。

18. 冯彦君:《劳动合同解除中的"三金"适用——兼论我国〈劳动合同法〉的立法态度》,载《当代法学》2006 年第 5 期。

19. 冯彦君:《解释与适用——对我国〈劳动法〉第 31 条规定之检讨》,载

《吉林大学社会科学学报》1999 年第 2 期。

20. 姜颖、李文沛:《试论比例原则在劳动合同解除中的应用》,载《河北法学》2012 年第 8 期。

21. H. 科尔舒洛夫、张锦霞:《加强劳动纪律的法律手段》,载《国外法学》1981 年 6 期。

22. 丁华:《劳动纪律及惩戒问题的思考》,载《中国劳动》2011 第 7 期。

23. 丁宇翔:《经济补偿金、赔偿金及其他〈劳动合同法〉实施后经济补偿的法律适用》,载《法律适用》2009 年第 1 期。

24. 王飞:《香港的即时解雇与构定解雇制度》,载《中国劳动》2002 年第 4 期。

25. 王光军:《〈企业职工奖惩条例〉的缺陷及修改原则的建议》,载《中国劳动科学》1989 年第 3 期。

26. 王丽民、徐显锋:《用人单位变相解除劳动合同须担责》,载《人民司法》2015 年第 14 期。

27. 王俊英、宋新潮:《论用人单位劳动规章的法律效力》,载《河北法学》2003 年第 5 期。

28. 王健:《劳动合同法四审之变》,载《民主与法制》2007 年第 19 期。

29. 石美遐:《对我国企业内部劳动规则立法的几点初步建议》,载《中国劳动》1999 年第 7 期。

30. 朱文龙:《新形势下企业员工奖惩管理制度探讨》,载《科技信息》2012 年第 25 期。

31. 伍奕:《关于用人单位劳动规章制度的立法思考》,载《海南大学学报》2003 年第 2 期。

32. 刘兴树、刘文华:《谈劳动惩戒的法律适用》,载《中国劳动》2006 年第 4 期。

33. 许浩:《新〈劳动合同法〉第四条又成争论热点——公司规章制度是

"单决"还是带资"共决"》，载《中国经济周刊》2008 年第 17 期。

34. 苏万觉:《论劳动纪律与职工民主权利的关系》，载《辽宁大学学报》1984 年第 2 期。

35. 杨宜勇、邢伟:《〈劳动合同法〉实施后的影响分析及其对策建议》，载《中国人力资源开发》2008 年第 5 期。

36. 杨继春:《企业规章制度的性质与劳动者违纪惩处》，载《法学杂志》2003 年第 5 期。

37. 邱婕:《劳动纪律的生效要件》，载《中国劳动》2005 年第 4 期。

38. 张晓阳:《劳动者的预告辞职权》，载《当代法学》2006 年第 3 期。

39. 陈文渊:《关于劳动法的几个基本问题初探》，载《政法论坛》1994 第 6 期。

40. 陈荣文:《论完善我国劳动纪律处分制度的几个重要问题》，载《福建论坛》2009 年第 12 期。

41. 范进学:《论辞退》，载《现代法学》1995 年第 4 期。

42. 林更盛:《论广义比例原则在解雇法上之适用》，载《中原财经法学》第 5 期。

43. 郑东亮:《信仰法律:写在〈劳动合同法〉颁布之际》，载《中国劳动》2007 年第 8 期。

44. 胡立峰:《劳动规章制度与劳动合同之效力冲突》，载《法学》2008 年 11 期。

45. 侯玲玲:《离职后竞业限制经济补偿争议之裁判标准》，载《法学》2012 年第 9 期。

46. 栗娟:《合同解除所生损害赔偿研究》，载《人民司法》2007 年第 3 期。

47. 郭捷:《论企业用人自主权》，载《法律科学》1992 年第 S1 期。

48. 曹海菁:《加拿大雇佣和劳动法概述》，载《上海政法学院学报》2005

年第 1 期。

49. 常凯、邱捷:《中国劳动关系转型与劳动法治重点——从〈劳动合同法〉实施三周年谈起》,载《探索与争鸣》2011 年第 10 期。

50. 董文军:《劳动合同经济补偿的制度嬗变与功能解析》,载《当代法学》2011 年第 6 期。

51. 董文军:《我国〈劳动合同法〉中的倾斜保护与利益平衡》,载《当代法学》2008 年第 3 期。

52. 董文军:《我国惩戒处分法律规制问题研究》,载《当代法学》2010 年第 3 期。

53. 焦法:《职工下班打麻将是否合法》,载《民主与法制》2015 年第 4 期。

54. 栗占荣:《经济补偿金:无固定期限劳动合同的法律问题》,载《广西青年干部学院学报》2001 年第 3 期。

55. 谢雪峰:《用人单位是否可对劳动者进行罚款》,载《中国劳动》2012 年第 12 期。

56. 戴继翔:《论劳动者单方解除劳动合同权》,载《经济问题》2008 年第 10 期。

57. 刘京州:《浅议解除劳动合同的经济补偿》,载《甘肃科技》2004 年第 6 期。

58. 刘炯、郭占霞:《〈劳动合同法〉实施过程中问题与对策的研究》,载《价值工程》2014 年第 2 期。

59. Harald Schliemann:《中德劳动合同法 – 劳资协定法之比较》,载中华人民共和国劳动和社会保障部法制司、德国技术合作公司中国法律改革咨询项目编著:《中德劳动与社会保障法:比较法文集》,中信出版社 2003 年版。

60. 丁婷:《劳动合同违约责任研究》,武汉大学 2013 年博士学位论文。

61. 焦伟:《劳动合同法初步探讨》,北京交通大学 2010 年硕士学位论文。

62. 沈水生:《试用期劳动者同样受保护》,载《人民日报》2006 年 4 月 5 日。

63. 王天任:《协商解除劳动合同后发现怀孕,能否要求继续履行劳动合同?》,载《工人日报》2016 年 11 月 24 日。

64. 周建明:《协商解除劳动合同后,为何争议仍未了》,载《中国劳动保障报》2015 年 12 月 29 日。

65. 肖华:《劳动合同法:越来越大的冲击波》,载《南方周末》2007 年第 29 期。

66. 王比学:《试用期不是"白干期"》,载《人民日报》2006 年 4 月 5 日。

67. 王姝:《人社部将就"无固定期限劳动合同"等问题提修法建议》,载《新京报》2016 年 11 月 8 日。

68. 一鸣:《员工连续工作满 10 年有权签无固定期合同》,载《辽宁职工报》2016 年 7 月 5 日。

69.《孕期劳动合同到期满十年,应与职工签无固定期合同》,载《天津工人报》2015 年 1 月 23 日。

70. 南京大学劳动法律援助项目:《用人单位"小题大做",与轻微违纪的劳动者解除劳动合同》,载《法援月报》2015 年 7 月。

71. 翁俊等:《"职业病"风险者离职前未体检,公司协商解除劳动关系有效否?》,载《上海法治报》2016 年 3 月 30 日。

72. 高健等:《海淀法院:用人单位用户口吸引人才设违约金违法》,载《北京日报》2015 年 10 月 28 日。

73. 唐律:《合同期限顺延超过十年是否应订无固定期劳动合同?》,载《劳动报》2016 年 5 月 17 日。

74. 杜文娟:《解读:劳动合同法.关注和谐劳动关系》,载《人民日报》

2005 年 12 月 28 日。

75. 芹蔚:《员工因单位侵权辞职跳槽无须支付违约金》,载中国劳动保障新闻网。

76. 翟炜(全国人大财政经济委员会法案室):《我国的劳动合同制度及劳动合同立法》,载中国人大网。

77. 曾巧艺:《用人单位约定"户口违约金"无法律依据,法官提示"职场菜鸟"提防就业陷阱》,载北京市第一中级人民法院网。

78. 赵新政:《"两不找"视同协商解除劳动关系》,载中国普法网。

79. 肖峰:《最高院民一庭意见:如何认定劳动者严重违反用人单位规章制度》,载中国劳动争议网。

80. 古晶:《如何证明员工严重违反劳动纪律》,载上海法律网。

81. 于海霞:《协议解除劳动合同后,男子提起仲裁被驳回》,载中国山东网。

三、中文译著

1. [德]曼佛雷德·魏斯、马琳·施米特:《德国劳动法与劳资关系》,倪斐译,商务印书馆 2012 年版。

2. [美]约翰·W. 巴德:《人性化的雇佣关系——效率、公平与发言权之间的平衡》,解格先、马振英译,北京大学出版社 2007 年版。

3. [美]卢西恩·伯切克等:《无功受禄:审视美国高管薪酬制度》,赵立新等译,法律出版社 2009 年版。

4. [美]罗伯特·A. 高尔曼:《劳动法基本教程——劳工联合与集体谈判》,马静等译,中国政法大学出版社 2003 年版。

5. [英]E. P. 汤普森:《英国工人阶级的形成》,钱乘旦等译,译林出版社 2001 年版。

6. [英]鲁珀特·克罗斯:《法律解释》,孔小红等译,西南政法学院法学理论教研室 1986 年版。

7. [德]W. 杜茨:《劳动法》,张国文译,法律出版社 2005 年版。

8. [德]沃尔夫冈·多伊普勒:《德国雇员权益的维护》,康伦亿、谢立斌译,中国工人出版社 2009 年版。

9. [德]迪特尔·梅迪库斯:《德国民法总论》,邵建东译,法律出版社 2000 年版。

10. [英]理查德·海曼:《劳资关系:一种马克思主义的分析框架》,黑启明主译,中国劳动社会保障出版社 2008 年版。

11. [英]史蒂芬·哈迪:《英国劳动法与劳资关系》,陈融译,商务印书馆 2012 年版。

12. [意]T. 特雷乌:《意大利劳动法与劳资关系》,刘艺工、刘吉明译,商务印书馆 2012 年版。

13. [美]凯斯·R. 桑斯坦:《罗斯福宪法:第二权利法案的历史与未来》,毕竞悦等译,中国政法大学出版社 2016 年版。

14. [美]詹姆斯·安修:《美国宪法判例与解释》,黎建飞译,中国政法大学出版社 1999 年版。

15. [法]居伊·蒂利埃:《劳动政策》,宁泉译,商务印书馆 1995 年版。

16. [荷]费迪南德·B.J. 格拉佩豪斯、莱昂哈德·G. 费尔堡:《荷兰雇佣法与企业委员会制度》,蔡人俊译,商务印书馆 2011 年版。

17. [美]约翰·亨利·梅利曼:《大陆法系》,顾培东等译,知识出版社 1984 年版。

四、英文著作

1. Steven Anderson, *The Law of Unfair Dismissal*, (3rd edition), London: Butterworths, 2001.

2. William Butler (ed.), *The Legal System of the Chinese Soviet Republic 1931–1934*, New York: Transnational, 1983.

3. Ronald Brown, *Understanding Labor and Employment Law in China*,

Cambridge: Cambridge University Press, 2011.

4. LammyBetten (ed.), *The Employment Contract in Transforming Labour Relations*, the Hague: Kluwer Law International Law, 1995.

5. Ronald C. Brown, *East Asian Labor and Employment Law: International and Comparative Context*, Cambridge: Cambridge University Press, 2012.

6. Sean Cooney, Sarah Biddulph and Ying Zhu, *Law and Fair Work in China*, London: Routledge, 2013.

7. Hugh Collins, *Justice in Dismissal: The Law of Termination of Employment*, Oxford: Clarendon Press, 1992.

8. Breen Creighton, etl. , *Labour Law*, (5th Edition), Australia: The Federation Press, 2010.

9. Simon Deakin & Gillian S Morris, *Labor Law*, (6th Edition), Oxford: Hart Publishing, 2012.

10. Simon Deakin & Gillian S. Morris (eds.), *The Future of Labour Law: Liber Amicorum Bob Hepple Qc*, Oxford: Oxford University Press, 2004.

11. Guy Davidov and Brian Langille, *Boundaries and Frontiers of Labour Law: Goals and Means in the Regulation of Work*, Oxford and Portland: Hart Publishing, 2006.

12. Sandrine Kott & Joëlle Droux (eds.), *Globalizing Social Rights: The International Labour Organization and Beyond*, Palgrave Macmillan, 2013.

13. Francis Maupain, *The Future of the International Labour Organization in the Global Economy*, Oxford: Hart Publishing Ltd, 2013.

14. Malcolm Mead, *Unfair Dismissal*, (4th edition), London: Longman, 1991.

15. Alan C. Neal (ed.), *Cross-Currents in Modern Chinese Labour Law*,

Netherlands: Kluwer Law International, 2014.

16. Rosemary Owens, etl., *The Law of Work*, (2nd edition), Australia & New Zealand: Oxford University Press, 2011.

17. Andrew Stewart, *Stewart's Guide To Employment Law*, (4th edition), Sydney: The Federation Press, 2013.

18. Tzehainesh Tekle (ed.), *Labour Law and Workers Protection in Developing Countries*, Oxford and Portland: Hart Publishing, 2010.

19. Bill Taylor, Chang Kai and Li Qi, *Industrial Relations in China*, Cheltenham: Edward Elgar, 2003.

20. Augusta Wagner, *Labor Legislation in China*, Beijing: Yenching University, 1938.

21. Manfred Weiss & Marlene Schmidt, *Labour Law and Industrial Relations in Germany* (4th edition), The Netherlands: Wolters Kluwer, 2008.

22. Paul C. Weiler, *Governing the Workplace: The Future of Labor and Employment Law*, Cambridge Mass: Harvard University Press, 1990.

五、英文论文

1. Joseph Abugu, *ILO Standards and the Nigerian Law of Unfair Dismissal*, African Journal of International and Comparative Law, Vol. 17 (2009), pp. 181 – 212.

2. Steven Anderman, *Termination of Employment: Whose Property Rights?*, Catherine Barnard, Simon Deakin & Gillian S. Morris (eds.), *The Future of Labour Law: Liber Amicorum Bob Hepple Qc*, Oxford: Oxford University Press, pp. 101 – 128.

3. Anna Chapman, *Protections in Relation to Dismissal: From the Workplace Relations Act to the Fair Work Act*, University of New South Wales Law Journal, Vol. 32 (2009), pp. 746 – 771.

4. Anna Chapman, *The Declining Influence of ILO Standards in Shaping Australian Statutory Provisions on Unfair Dismissal*, Monash University Law Review, Vol. 29 (2003), pp. 104 – 139.

5. A. P. Davidson, *Reinstatement in Employment as a Remedy for Unfair Dismissal in France*, University of Tasmania Law Review, Vol. 7 (1983), pp. 295 – 307.

6. Samuel Estreicher & Jeffrey M. Hirsch, *Comparative Wrongful Dismissal Law: Reassessing American Exceptionalism*, North Carolina Law Review, Vol. 92 (2013 – 2014), pp. 343 – 480.

7. Jose Luis Gil, *Strengthening the Power of Dismissal in Recent Labor Reforms in Spain*, Comparative Labour Law and Policy Journal, Vol. 35 (2013), pp. 413 – 448.

8. Frank Hendrickx, *Felxicurity and the EU Approach to the Law on Dismissal*, Tilburg Law Review, Vol. 14 (2007 – 2008), pp. 90 – 106.

9. Bob Hepple, *Dismissal Law in Context*, European Labour Law Journal, Vol. 3 (2012), pp. 207 – 214.

10. Bob Hepple, *European Rules on Dismissal Law*, Comparative Labour Law Journal, Vol. 18 (1996), pp. 204 – 228.

11. Otto Kaufmann, *Weakening of Dismissal Protection or Strengthening of Employment Policy in France?*, Industrial Law Journal, Vol. 36 (2007), pp. 267 – 286.

12. Robert Knet, *Regulating Dismissal from Employment: Administrative and Judicial Procedures in the Netherlands*, Law and Policy, Vol. 11 (1989), pp. 175 – 187.

13. Erich Molitor, *The Protection of the Workers against Unfair Dismissal in Continental Legislation*, International Labour Review, Vol. 15 (1927), pp.

230 – 244.

14. Dawn Norton, *Workers in the Shadows: An International Comparison on the Law of Dismissal of Illegal Migrant Workers*, Industrial Law Journal, Vol. 31 (2010), pp. 1521 – 1555.

15. Robert J. Paul and James B. Townsend, *Wrongful Termination: Balancing Employer and Employee Rights—A Summary with Recommendations*, Employee Responsibilities and Rights Journal, Vol. 6 (1993), pp. 69 – 82.

16. Leonard Ricot, *Legislating Against Unfair Dismissal: Implications from British Experience*, Industrial Relations Law Journal, Vol. 8 (1986), pp. 547 – 582.

17. AmericoPla Rodriquez, *Termination of Employment on the Initiative of the Employer*, Comparative Labour Law, Vol. 5 (1982), pp. 221 – 247.

18. Jack Stieber, *Protection against Unfair Dismissal: A Comparative View*, Comparative Labour Law, Vol. 3 (1979), pp. 229 – 240.

19. Katherine V. W. Stone, *Revisiting the At-Will Employment Doctrine: Imposed Terms, Implied Terms, and the Normative World of the Workplace*, Industrial Law Journal, Vol. 36 (2007), pp. 84 – 101.

20. Gwyneth Pitt Source, *Dismissal at Common Law: The Relevance in Britain of American Developments*, Modern Law Review, Vol. 52 (1989), pp. 22 – 41.